MICRO-INFORMATIQUE

BERNADETTE DONAY

MICRO-MEMENTO
MISE EN PAGE
ET TYPOGRAPHIE

AVERTISSEMENT

Nous vous rappelons les termes de l'article 47 de la loi du 3 juillet 1985 :

" Toute reproduction autre que l'établissement d'une copie de sauvegarde par l'utilisateur, ainsi que toute utilisation d'un logiciel non expressément autorisée par l'auteur ou ses ayants droit, est passible des sanctions prévues par la loi."

Bernadette Donay, 30 ans, est diplômée de l'ASFORED en section Édition. Spécialiste en graphisme et typographie, elle a travaillé dans plusieurs maisons d'édition et agences de publicité, avant de créer et diriger aujourd'hui l'agence de création graphique **Baba Yaga**.

Par ailleurs, elle a écrit plusieurs ouvrages sur la PAO chez Dunod Éditeur/PSI :

- Aide-Mémoire Ventura
- Aide-Mémoire Mise en page et Typographie
- Aide-Mémoire PageMaker 4.0 (2 volumes)

Toutes les marques citées sont des marques déposées.

© PRESSES POCKET/P.S.I., 1991

ISBN : 2-266-04615-2

*Cet ouvrage est dédié à
Marjana SZYMCZAK
(1902-1989)*

Sommaire

Introduction 11

1 - **Gabarit** 13
   Rôle 13
   Construction 16
   - Conception 18
   - Préparation 24
   - Réaliser le gabarit 27
   Formats 27
   - Historique 28
   - Titres courants 31
   Colonnes 32
   Hirondelles 32
   Filets et trames 32
   Folios 33
   Etapes génériques et conceptuelles 33
   Chaîne éditoriale 36

2 - Texte 41

Coupure selon le code typo 41
Coupures 42
- Coupures entre les mots 43
- Coupures de titres 44

Ferrer 47
- Qu'est-ce que les fers ? 47
- Fer gauche 48
- Fer droit 48

Doubles fers 49
- Doubles fers droit 49
- Doubles fers gauche 50
- Fers extérieurs 51
- Fers intérieurs 51

Centrer 52
- Définition 52

Justifier 56
- Forme et lisibilité 56

Renfoncer/Défoncer 57
- Renfoncer 58
- Défoncer 59
- Corps de titre 61

Colonnes 62
- Normes à employer 64
- Conception 66

Trames 68

Choisir ses caractères 80
- Qu'est-ce qu'un caractère ? 80
- Cap et bas de casse 83
- Classification selon Thibaudeau et Vox ... 85
- Compatibilité des caractères 98

Sommaire

3 - Image 113
Illustrer 113
- En sur-impression 113
- Emplacement des illustrations 113
- Figures habillées 115
- Définir une illustration 117
- Images construites - Lettrines 117
- Habillage d'image 117
- Bordure 119

4 - Maquette 133
Introduction 133
Mise en œuvre 134
- Caractères 134
- Paragraphes 144
- Renfoncements 146
- Alignement 148
- Espacement de paragraphe 150
Césures 151
Créer des lettrines 151
- Rôle 151
- Règles d'esthétisme typographique 154
- Corps de texte et lisibilité 157

5 - Traitement du document 163
Mailing 165
Facture 168
Fiche de caisse 171
Affiche 174
Tarifs 177

Journal 180
Dossier d'art 183
Plaquette d'activités 186
Plaquette Société 189
Livre 192
Manuel technique 195
Annonce de publicité 198
CV 201
Cartes de visite 204
Puzzle 207
Bande dessinée 210
Petits conseils 213
Protocole de saisie 213

6 - Outil 219
Matériel 219
- Micro-ordinateur 219
- Imprimantes 221
- Scanners 221
- Ecrans haute résolution 226
- Souris et table graphiques 227

Logiciels 228
- Traitement de texte 229
- Logiciels graphiques 230

Conclusion 235

Terminologie 236

Introduction

L'informatique renforce un domaine, de jour en jour plus performant : la micro-édition. Contrairement à l'édition traditionnelle, la démarche graphique, bien que rigoureuse, est considérablement allégée et modifiée. L'électronique engendre une facilité d'exécution et une souplesse que seule la mobilité logicielle est capable d'apporter.

Cependant, la technique de mise en page par ordinateur n'a aucun rapport avec le travail effectué en traitement de texte. Ce qui signifie aussi que l'outil classique capable de gérer du texte n'est qu'un des éléments, parmi une quantité d'autres, de la constitution d'une page.

Ceci est particulièrement important, dans la mesure où il serait facile de penser qu'un texte destiné à être mis en page, passe directement de l'état de texte (matière) au document imprimé (produit fini).

Et c'est là qu'est l'erreur fondamentale. La mise en page requiert une méthodologie, certes simple, mais indispensable et incontournable. La typographie n'est pas un vilain gros mot ou un terme barbare hérité des vieux métiers, mais bien une donnée essentielle pour guider l'utilisateur dans les choix qu'il effectue.

La communication s'est, de tout temps, trouvée au cœur des sociétés. Elle est nécessaire à la transmission de la connaissance entre les hommes et à la poursuite de l'évolution. Le papier et l'imprimerie ont un rôle important dans la mesure où la diffusion de la connaissance à grande échelle ne peut se produire que grâce à ces deux facteurs.

Dans nos sociétés modernes, l'introduction de l'audio-visuel d'une part, et de l'informatique d'autre part, n'a pas amoindri l'importance du papier. Bien au contraire, jamais autant de papier n'a été consommé que depuis la révolution informatique, et quel papier...

1 Gabarit

Si cet ouvrage débute par l'étude du gabarit, la raison essentielle en est que sans lui, aucune construction n'est possible.

Rôle

La définition en est simple : un gabarit est une sorte de grille qui s'élabore selon des règles typographiques et esthétiques bien précises, sur lesquelles vos publications quelles qu'elles soient, vont s'appuyer.
Le rôle de cette clé de voûte est indispensable. Créée au départ comme règle d'équilibre, elle permettra toutes les fantaisies possibles en typographie comme en matière de publicité. Il ne vous viendrait pas à l'esprit de bâtir une maison sans plan, ni de dessiner la carlingue d'un Boeing sans règle précise ni connaissance de certains phénomènes techniques indispensables ?

Il en va de même en communication. Vous êtes-vous déjà demandé pourquoi certaines publicités ou certains livres vous attirent plus que d'autres ? Certaines affiches vous appellent plus que d'autres indépendamment de leurs sujets, de leurs couleurs et de leurs formats ? Pensez-vous vraiment que vous vous dirigez vers tel ou tel document en fonction du temps que vous avez à y consacrer ? Détrompez-vous...

Le rôle du gabarit et de ce qui va suivre vont vous prouver que rien n'est laissé au hasard, même le hasard...
Chacun est, ou devient, responsable de sa propre communication. Vous dirigez tant la lecture de votre correspondant que l'esprit dans lequel il se trouve pour parvenir à lui faire passer un message quel qu'il soit.

Le texte dont vous devrez gérer l'espace ne sera que prétexte. Non seulement vous allez établir un sens de lecture intellectuel et graphique, mais encore, vous allez replacer la communication dans un certain contexte indépendamment du sujet traité.

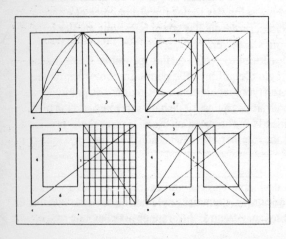

Gabarit

Construire un gabarit ne représente pas que la partie des calculs de marges, de formats, ni d'un nombre de colonnes ; il va implicitement induire une atmosphère spéciale pour chaque type de document. L'ensemble de tous ces différents éléments donneront à votre communication un sens réel.

Le gabarit va anticiper votre démarche et donc votre décision. Les informations (fond du texte) qui figureront sur votre maquette n'ont pratiquement pas d'importance.
Attention, il n'est pas question ici de dire que le message en tant que tel ne doit pas exister. Si votre message texte est quelconque mais correctement mis en communication (et pas seulement correctement mis en page), il sera lu. Peu importe, à ce niveau s'il sera apprécié ou pas, mais le message sera lu. Par contre, vous élaborez un texte génial, mais mal mis en communication, dans tous les cas, ce texte ne sera pas lu et n'aura aucun impact ; il n'aura pas su passer ce premier cap d'attention. Ci-dessous, le schéma des développements du message esthétique nous indique que toute zone de valeurs "acceptable" évolue dans le temps pour un public donné.

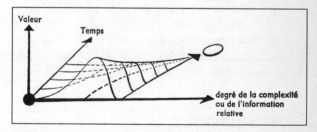

L'exemple qui m'apparaît être le plus flagrant est celui du curriculum vitae. Aucun CV n'a pu déclencher une embauche.

Pourquoi ? D'abord parce que ce n'est pas son rôle. Cependant, imaginons que vous ayez toutes les capacités à répondre au poste recherché, que votre CV ne soit qu'une liste, même longue, de vos diplômes, avec un système de rubriques standard, il n'est pas bien sûr que votre interlocuteur potentiel ait envie de vous appeler et encore moins envie de vous rencontrer.

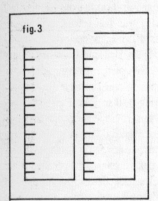
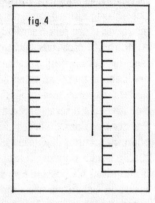

Alors que, si vous construisez un gabarit bien étudié et que les données de votre personnalité soient présentées sous une forme inhabituelle, vous risquez d'éveiller la curiosité, et l'envie chez votre lecteur, d'en savoir un peu plus. Bien entendu, à vous de bien analyser votre public. Vous possédez à ce moment là plus de chances que d'autres...

Construction

La conception d'un gabarit suppose que vous avez défini les grandes lignes de votre publication. Nous allons voir par la

Gabarit

suite ce que cela signifie dans le détail. La conception d'une page fait appel à certaines règles qu'aucun logiciel de mise en page ne donne pas. La maquette est une feuille sur laquelle vous établissez un équilibre entre le blanc et le noir. Pour cela, il vous faut déterminer quatre marges afin de laisser libre l'encombrement du texte et des images. Les deux schémas qui suivent représentent deux types de calcul des marges.

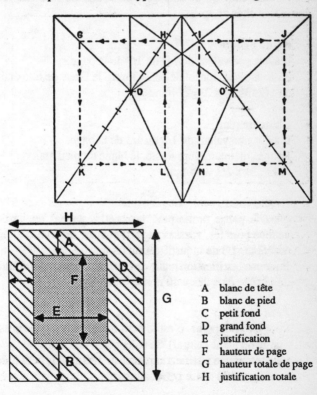

A blanc de tête
B blanc de pied
C petit fond
D grand fond
E justification
F hauteur de page
G hauteur totale de page
H justification totale

Micro mémento Mise en page et Typographie

❏ Conception

Pour réaliser une bonne mise en page, respectez les quelques explications qui suivent. Pour mieux comprendre les calculs proposés, il va falloir revenir quelque peu en arrière dans le temps. Ces mesures ne sont plus à appliquer telles qu'elles sont définies ci-dessous. Cependant, imprégnez-vous-en pour bien comprendre qu'un empagement se calcule et retenir les équilibres cités ci-après.

- **Blanc de tête**
  Il avait une valeur de 2/3 du 1/3 de la page.
  Pour une hauteur totale de 243 mm, le blanc de tête était de : (243 : 3) x 3 = 27 mm.

- **Blanc de pied**
  Il avait une valeur de 1/3 du 1/3 de la page.
  Pour la même mesure totale, le blanc de pied était de : (243 : 3) x 2/3 = 54 mm.

- **Grand fond**
  C'est la partie droite pour les "belles pages" (et partie gauche pour les "fausses pages") et avait alors une valeur de 2/3 du 1/3 de la justification totale.
  Pour une justification totale de 180 mm, le grand fond était de : (180 : 3) x 2/3 = 40 mm.

- **Petit fond**
  Pour le typographe, c'est le petit fond (on l'appelle aussi marge ou blanc central). Sa valeur était de 1/3 du 1/3 de la page. Pour une justification totale de 180 mm, le petit fond était de : (180 : 3) x 1/3 = 20 mm.

Aujourd'hui, il est important de signaler que dans tous les cas : le **blanc de tête** doit être **supérieur** ou égal au **blanc de pied** ; le **petit fond** doit être **inférieur** ou égal au **grand fond**.

Trois étapes majeures jalonnent le temps.

Les grands livres lourds
Il y eut la période où l'on appliquait les calculs ci-dessus. Si vous les dessinez, vous obtenez un cadrage qui vous paraît très curieux.

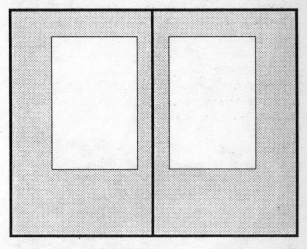

Cependant, la construction de ces livres nous renvoie au contexte très spécial. Cette époque nous rappelle que les ouvrages étaient terriblement grands et lourds. De plus, vous souvenez-vous que l'on lisait ces monstres debout ? Et où vouliez-vous que ces gens puissent **prendre ces livres** et où encore vouliez-vous qu'ils **posent leurs mains** lorsqu'ils s'engageaient dans de longues lectures ? Comprennez-vous mieux à présent les raisons de ces énormes blancs qui entouraient les textes d'époque ?

Les grands livres lourds et religieux
Pratiquement "aussitôt", les valeurs des deux blancs verticaux (blanc de tête et blanc de pied) s'inversent. Les grand fond et

petit fond ne bougent pas encore. En effet, les temps changent (un peu, mais pas dans tous les domaines, et surtout pas dans la course au pouvoir de l'écrit donc dans celui de la culture...), et les "nouveaux" propriétaires de ce savoir font partie évidemment du clergé.

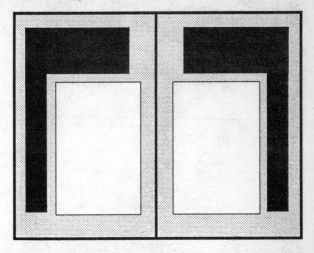

De quoi ont-ils besoin et que publient-ils ? Ces grands hommes vouent tous leurs travaux à leur religion, donc à leur Dieu et innondent leurs écrits d'enluminures magnifiques et extrêmement soignées.

Or, pour pouvoir mettre en valeur ces superbes travaux d'art, il est nécessaire d'agrandir le blanc de tête, de garder raisonnable le blanc de pied tout en conservant les grands fonds pour prendre les livres sans peine et poser ses mains sans gêner la lecture. La page suivante vous en offre un très bel exemple.

Micro mémento Mise en page et Typographie

La consommation, les forêts et les crises
Enfourchons nos bottes de sept lieues pour vite en venir à notre époque où les traditions de l'art du livre tendent à se perdre...

Non seulement les formats deviennent pratiques, mais la consommation de papier fait réagir les industriels qui les fabriquent, les écologistes qui voient dépérir leurs forêts, et les économistes qui annoncent crise sur crise, "il faut faire des économies"...

Nous devons d'ailleurs le premier livre de poche de format in-octavo à l'éditeur et imprimeur vénicien : Alde Manuce l'ancien vers 1500.

Le moyen le plus efficace est de diminuer les surfaces dites "inutiles" sur les ouvrages publiés, d'où réduction de tous les blancs.

Il n'est pas rare maintenant de constater que certaines publications comportent des grand et petit fond égaux... quand ce ne sont pas les quatre blancs égaux... et pourquoi pas ?

Rogner sur le blanc de tête et le blanc de pied fut le maître mot légitimé par le fait que l'on n'a jamais rien à y placer d'intéressant... alors faisons contre mauvaise fortune bon cœur et recréons un espace typographique esthétique convenable autour de ces nouvelles contraintes.

Voilà , vous savez presque tout.

Micro mémento Mise en page et Typographie

❑ Préparation

Avant toute manipulation de mise en page proprement dite de votre page, attachez-vous également à préparer votre copie.

Pour cela, divisez votre travail en trois phases :
- Préparation français ;
- Préparation technique ;
- Préparation typographique.

- **Préparation français**
  C'est une lecture globale sur copie. Elle a pour but d'éliminer les fautes d'orthographe, de rectifier la ponctuation, les coupures de paragraphe (dans le sens du texte et non pas dans la forme). Afin d'avoir un excellent résultat sur cette phase indispensable, travaillez, non pas page à page, mais paragraphe à paragraphe.

- **Préparation technique**
  Elle suppose une lecture du même texte «caractère à caractère» (plus rien à voir avec l'orthographe).

signe	signification	signe	signification
a ⫽	à changer	align_e^r	à aligner
m ⋋	à ajouter	ⓤ ∈	à retourner
ℊ/ou ⊢	signe ou mot à supprimer	⊏	alinéa
⧣	à rapprocher	italique	en italique
†	à espacer	〰〰	en gras
⊣⊢	interligne à diminuer	℮/	petite capitale
⊣#⊢	interligne à augmenter	A/	grande capitale
⌐⌐	à sortir	S/	grande capitale en italique
⌐⌐	à rentrer	N/	grande capitale en gras
⌐⌐	à transposer	⊏ ⊐	à centrer
∽	à faire suivre	┤erreur├	rayé par erreur à rétablir

24

Gabarit

C'est la chasse aux espaces blancs avant et/ou après les points, les virgules, les points-virgules, les deux points, les parenthèses (ouvrantes et fermantes), les crochets et tous les points qu'ils soient d'exclamation, d'interrogation et pour finir les points de suspension... suivant le cas évidemment.

Vous trouverez au chapitre 5 un protocole de saisie qui facilitera vos travaux de saisie et de mise en œuvre.

Lettre et mot à changer	
— à ajouter	
— à supprimer	
— à retourner	
— à transposer	
Lignes à transposer.	
Blancs à régulariser.	
Ponctuation à changer.	
Espace à mettre.	
Syllabes à réunir.	
Mots à rapprocher.	
Petites et grandes capitales.	
Lettres écrasées.	
— à redresser.	
— à nettoyer.	
Lignes à rentrer.	
Lettres d'un œil étranger.	
Espace et blanc à baisser.	
Alinéa à supprimer.	
Interligne à baisser.	
Mauvaise division.	
Mot biffé à conserver.	
Blanc à diminuer.	
Blanc à augmenter.	
Lignes à sortir.	
Alinéa à faire.	
Bourdon.	
A mettre en romain.	
A mettre en italique.	

Tout laisse prévoir que le texte, à ce tournant de l'époque actuelle, est en train de subir une nouvelle mutation, dont nous ne savons pas encore quel sera le final résultat. La technique de de renouvellement. D'une part en raison production du livre imprimé est en voie de la substitution à la composition traditionnelle, en métal à base de plomb, d'une composition photographique sur film. Les recherches dans ce domaine ont été commencées dès le début du XX° siècle. Mais la réalisation industrielle vient seulement d'aboutir aux États-Unis, en utilisant d'ailleurs le procédé d'un Français, M. Higonnet. D'autre part, les progrès sensationnels de la reproduction photographique des couleurs sur papier auront leur répercussion dans le domaine du livre. Mais le livre tel que nous le connaissons depuis Gutenberg apparaît comme menacé de plusieurs côtés à la fois. Tout d'abord, par le développement des procédés de multigraphie. Les premières productions des duplicateurs à la gélatine, utilisant les encres à l'aniline, étaient fort médiocres. Mais le tirage dit à écrire-duplicateur type Ormig permet maintenant d'obtenir une ou deux centaines de copies convenables.

Extrait de l'*Histoire du Livre.*

Les deux illustrations vous montrent de quelle façon cette étape est effectuée. C'est également la chasse aux capitales et bas de casse mal placées. Le texte n'est plus lu à proprement parler, mais représente un défilement graphique de caractères, bons et mauvais... C'est à ce moment que vous indiquerez par des repères graphiques, les mentions de schémas, de tableaux, de programmes sans les inclure dans leur intégralité.

- **Préparation typographique**
  Elle va s'effectuer sur le texte que vous venez de nettoyer et va s'opérer en deux temps. Tout d'abord, vous allez hiérarchiser les titres, les paragraphes et leur attribuer un dessin de caractère, un corps, une graisse, une approche et une valeur d'interlignage.
  Puis, sur votre copie, vous allez «baliser» à l'aide de surligneurs de couleurs, les attributs que vous avez choisis. Vous trouverez également au chapitre 5 un modèle de charte ainsi que son mode d'emploi.

Attention
En voulant réaliser tous ces types de lecture à la fois, vous perdrez le bénéfice de la clarté de votre document. Procédez toujours par ordre, c'est ce qui vous fera gagner du temps lors de la mise en page.
Ceci est extrêmement important.

Vous vérifierez également les libellés de vos titres dans votre publication par rapport à ceux de votre sommaire, assurez-vous que vos titres soient homogènes entre eux (pluriel/singulier, article/pas d'article, verbe/nom...).

Gabarit

❑ Réaliser le gabarit

Le gabarit définit :
- Le format de mise en page,
- Les titres courants et folios,
- Le colonnage,
- Les hirondelles de coupe,
- Les filets et trames du gabarit.

Formats

Définition

Qu'est-ce qu'un format ? Nous allons définir un format par deux dimensions que sont la hauteur et la largeur. Recentrons notre discours sur la typographie en gardant en mémoire le terme format pour une communication sur papier.

Il existe une quantité phénoménale de formats de papier, classée en quatre catégories principales.

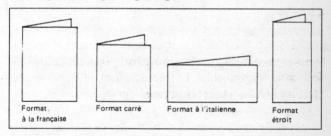

Format à la française Format carré Format à l'italienne Format étroit

Les formats les plus utilisés en mise en page sont les suivants :
- Lettre (215,9 x 279,4 mm) ;
- Long (215,9 x 355,6 mm) ;

- Tabloïd (279,4 x 431,8 mm) ;
- A4 (210 x 297 mm) ;
- A3 (297 x 420 mm) ;
- A5 (148 x 210 mm) ;
- B5 (176 x 250 mm).

Ces différents schémas nous montrent des types de page. Avant d'aller plus loin, il apparaît important de signaler dès à présent qu'un format par défaut est le dessin des contours d'une feuille de papier simple dite "Page simple".

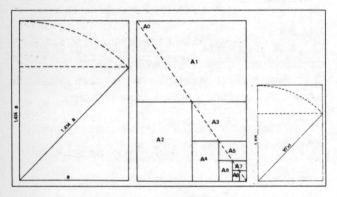

Lorsque vous composerez votre gabarit, vous réfléchirez à la notion de "Page double". Le travail devient différent, car l'œil sera confronté à la page et à son miroir graphique ; le problème, c'est qu'il a un autre rôle, nous y reveindrons au chapitre 5.

❑ Historique

Autrefois, on fabriquait des feuilles de papier de façon manuelle et seul le filigrane pemettait de les distinguer entre elles

Gabarit

afin de reconnaître leurs dimensions. Celles-ci restaient très approximatives et variaient en fonction de chaque pays. Ce n'est que vers le XIXe siècle que l'on voit apparaître la bande de papier continue. Ainsi, les formats étaient coupés à la demande, les imprimeurs ne s'y faisaient guère, et demandaient parfois "coupez moi un double-couronne"...

La dernière guerre amène les normes de l'AFNOR qui vont réduire considérablement le nombre de formats. On va pouvoir distinguer les formats non plus par leurs noms, mais par leurs dimensions : largeur par la hauteur. Au début, toutes ces mesures étaient imprimées en centimètres alors qu'aujourd'hui elles s'expriment en millimètres pour les formats finis, telles que la série ISO que tout le monde connaît bien sans le savoir.

Format A   Série principale
Format B   Série secondaire

La norme NF - Q 02000 de 1946 regroupe trois séries prioritaires de formats :
- Principal   Format carré 45 x 56 cm
- Secondaire   Format couronne 36 x 46 cm
                 Format raisin 50 x 65 cm
                 Format jésu 56 x 76 cm
- Auxiliaires   Format pot 31 x 40
                 Format écu 42 x 52 cm

L'avènement et les développements de l'offset ont produit plusieurs augmentations de formats, simplement parce qu'une presse offset a une prise de pince plus importante qu'une presse typo et que les machines étrangères ne correspondent pas aux normes françaises dans le domaine du papier... ce qui nous vaut une confusion sans nom.

On appelle format de machine d'impression, la dimension maximale que peut accepter sa platine. La normalisation des formats par l'intermédiaire de la norme internationale ISO 3872 d'août 1976 s'applique à tous les types de machines d'impression à feuilles : typographique, offset, héliogravure, et taille douce.

Ces formats sont répartis en huit catégories avec deux subdivisions (une série principale et une série secondaire).

P 160	122 x 160 cm	Principale
P 142	102 x 142 cm	Principale
P 128	90 x 128 cm	Secondaire
P 102	71 x 102 cm	Principale
P 96	66 x 96 cm	Secondaire
P 71	51 x 71 cm	Principale
P 61	46 x 61 cm	Secondaire
P 51	35,5 x 51 cm	Principale

Le passage du format feuille au format page est dû au pliage (ou pliure). On procède à une série de plis croisés et au nombre de plis effectués correspond un type de cahier. Dans un livre, si vous regardez l'assemblage, vous devriez apercevoir plusieurs cahiers reliés entre eux.

pas de pli	in-plano	1 feuillet	2 pages
1 pli	in-folio	2 feuillets	4 pages
2 plis	in-quarto	4 feuillets	8 pages

Gabarit

3 plis	in-octavo	8 feuillets	16 pages
4 plis	in-16	16 feuillets	32 pages
8 plis	in-32	32 feuillets	64 pages

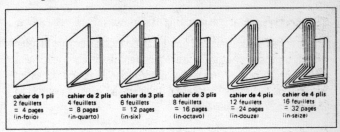

cahier de 1 pli — 2 feuillets = 4 pages (in-folio)
cahier de 2 plis — 4 feuillets = 8 pages (in-quarto)
cahier de 3 plis — 6 feuillets = 12 pages (in-six)
cahier de 3 plis — 8 feuillets = 16 pages (in-octavo)
cahier de 4 plis — 12 feuillets = 24 pages (in-douze)
cahier de 4 plis — 16 feuillets = 32 pages (in-seize)

On peut opérer également par plis roulés :
3 feuillets 6 pages (in-6)... Ceci débute une autre gamme in-6, in-12... mais beaucoup moins utilisée. Le pliage indique l'imposition machine et dirige le choix de celle-ci.

Les bibliothécaires et bibliographes ont eux aussi leurs propres repères de formats :

in-plano ou grand in-folio	de + de 50 cm de haut
in-folio	de 35,5 à 50 cm de haut
in-quarto	de 25,5 à 35 cm de haut
grand in-octavo	de 23 à 25 cm de haut
in-octavo	de 20 à 22,5 cm de haut
in-12	de 12 à 19,5 cm de haut
Main	moins de 10 cm de haut

❏ Titres courants

Les titres courants sont des éléments qui se répètent de page en page. On les appelle ainsi à cause de leur place classique (fers extérieurs) ce qui donne l'impression qu'ils courent de feuille en feuille. Nous pourrons vérifier que la place des titres courants n'est pas immuable, loin de là.

Colonnes

Un bon gabarit devrait être quadrillé, de façon à ce que la mise en page puisse s'autoriser quelques fantaisies en conservant l'équilibre. Vous pourrez ainsi déterminer dans vos pages un nombre de colonnes différent d'une page à l'autre, à condition de respecter les gouttières.

Hirondelles

Les hirondelles de coupe sont des repères de massicotage, lorsque vous établissez un document de format plus petit que celui de l'impression finale.

Vous pourrez tracer vous-même les hirondelles de coupe sur votre gabarit papier si vous travaillez en traditionnel. Par contre, si vous utilisez un logiciel de mise en page, ne faites rien, il les trace tout seul.

Attention cependant, elles ne devront jamais se toucher sinon, vous aurez une marque à chaque coin de page lorsque votre document sera imprimé, rogné, broché.

La seule exception à l'utilisation systématique des hirondelles est de faire plusieurs essais de création pour être ensuite massicotés et présentés sur d'autres supports.

Filets et trames

Vous pouvez avoir besoin, dans votre document, de placer des trames de fond ou des filets qui resteront présents sur tout votre chapitre. Nous en verrons les applications pratiques.

Vous pouvez en effet, tracer des filets de trois types :
- filet vertical,
- filet horizontal,
- filet diagonal (45° direct ou autres angles).

Folios

Folioter le gabarit revient à déterminer la pagination pour tout le document. Il est tout à fait possible de placer vos folios sur les grands fonds. Dans ce cas, placez-les au 2/3 de la hauteur d'empagement total.

Attention
Lorsque vous déterminez l'emplacement d'un folio destiné à être au fer à droite pour les pages de droite, il faut penser que dans le bloc folio, le repère est au fer à droite. Opération inverse pour les folios de gauche sur les pages de gauche.

Étapes génériques et conceptuelles

Le schéma qui suit est un scénario de base qui permet de bien comprendre le déroulement logique et indispensable d'un travail de mise en page, que vous travailliez en traditionnel ou avec des outils de PAO. Mais dans tous les cas, posez-vous toujours les mêmes questions.

- **Pour qui ?**
    Vous devez déterminer le public auquel votre document s'adresse.
- **Pour quoi ?**
    Vous devez déterminer la durée de vie du document.

Micro mémento Mise en page et Typographie

- **Gabarit**
  Vous devez construire la grille d'équilibre adaptée à votre document.
- **Charte typographique**
  Vous devez définir le protocole typographique pour construire la lisibilité de votre document.
- **Les trois préparations**
  Vous devez préparer votre document en trois étapes indispensables et successives : préparations français puis technique et enfin typographique.
- **Pré-maquette**
  Vous devez évaluer les différents encombrements de texte/image. (voir image 1 ci-contre)
- **Vérification**
  Vous devez alors analyser tous les choix que vous avez effectués.

- **Correction**
  Vous devez les corriger.
- **Maquette**
  Exécutez le montage définitif. (voir image 2 ci-contre)
- **Vérification**
  Vous analyserez les retombées des dernières corrections intervenues.

Gabarit

Pré-maquette

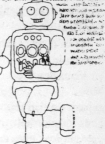

Das Ding, das Euch kennenlernen möchte, heißt Roby, beantwortet Fragen und spielt mit Euch.

Maquette

Das Ding, das Euch kennenlernen möchte, heißt Roby, beantwortet Fragen und spielt mit Euch.

- **Correction**
    Vous devez les enregistrer.
- **Maquette finale**
    Vous devez finaliser le document.
- **Vérification**
    Vous devez exécuter les dernières vérifications.
- **Correction**
    Vous devez exécuter les dernières corrections.

Un gabarit est défini pour la totalité de la composition. Il est l'élément primordial et renferme tous les paramètres devant se reporter sur les pages de votre composition.
Attention, certains attributs sont obligatoires :
- Les repères d'alignement (obligatoire) ;
- Les «marges» de calcul des fonds (obligatoire) ;
- Les repères de colonnes ;
- Les filets et les trames ;
- Le foliotage (obligatoire).

Chaîne éditoriale

Ces règles correspondent à une approche professionnelle de la mise en page, ce qui signifie qu'il existe une méthodologie qu'il vous faudra suivre pour obtenir un travail de qualité.

Cela dit, si vous travaillez en PAO, ne vous attendez pas à obtenir une qualité proche de celle de l'impression traditionnelle. Vous aurez dans les mains, certes, un «beau» document, clair et propre, mais sans la définition, ni le fini d'un ouvrage de qualité typographique. La différence essentielle entre l'édition traditionnelle (même la plus perfectionnée) et la micro-édition, réside dans la démarche des travaux.

Gabarit

Observons les trois schémas. Voici l'évaluation du temps de travail sur un livre de 200 pages par exemple :

	RUBRIQUES	TRADITIONNEL	ELECTRONIQUE
	création du manuscrit	1 mois et 1/2	1 mois et 1/2
	saisie	40 H	40 H
	première lecture	16 H	
	prépa simple	6 H	
	prépa technique	7 H	
	première de compo	56 H	
	vérifications	2 H	2 H
	relecture extérieure	30 H	30 H
	relecture auteur	30 H	30 H
	pré-maquette	30 H	30 H
	test	25 H	25 H
	collationnement	7 H	7 H
	vérifications	2 H	2 H
	deuxième de compo	40 H	20 H
	vérifications	4 H	
	bromurages	2 H	
	montage final	40 H	40 H
	vérifications	3 H	2 H
	imprimerie ozalids tirage brochage sortie	3 semaines	3 semaines

| auteur | éditeur | imprimeur |

Micro mémento Mise en page et Typographie

Dans ces deux schémas, à partir du même exemple, vous pourrez observer la différence entre édition traditionnelle et PAO.

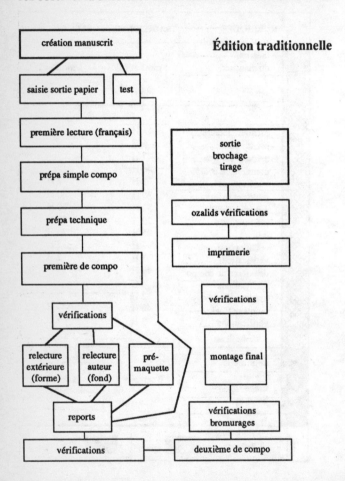

Édition traditionnelle

Publication Assistée par Ordinateur

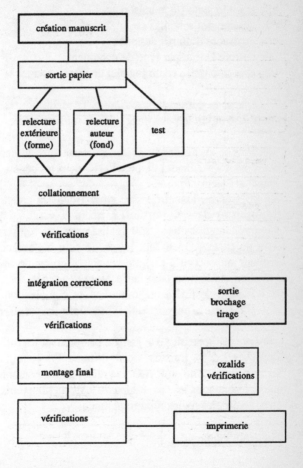

Micro mémento Mise en page et Typographie

La mise en page s'effectue à la fois «en simultané», selon les compétences, et à la fois «en suivant». Une seule personne peut mener à bien une publication assistée par ordinateur :
- elle saisit le texte (le manuscrit) ;
- elle dessine des schémas ;
- elle incorpore d'autres dessins ;
- elle corrige le tout par type de document ;
- elle met en page avec un logiciel de mise en page.

Pourtant, si la démarche est simple, la réalisation est plus minutieuse et fait appel à des règles de mise en page.

Revenons un instant sur le tableau indiquant la différence «de temps passé» sur chaque étape selon les deux procédés : traditionnel et électronique.
Les différences essentielles se situent dans la création du manuscrit et dans sa sortie. La tradition voudrait que la «compo» (composition) soit réalisée par un compositeur, alors qu'en P.A.O., il faut laisser le soin à l'auteur ou à l'éditeur ou encore à un intervenant extérieur de le faire. Attention, les deux sorties n'auront rien à voir entre elles. Dans le manuscrit destiné à un traitement en composition traditionnelle, **toute la préparation typographique est effectuée.**

La sortie est donc un texte justifié comprenant les différents caractères, corps, graisses, valeur d'inter... Par contre, le même manuscrit édité en P.A.O. est saisi par une personne qui, dans presque tous les cas, frappe du texte au kilomètre, faute de connaître les règles typographiques.

Mais tout s'apprend...

2 Texte

Couper selon le code typo

Les coupures de mots font partie du travail sur le texte. Le code typographique, est très complet, mais voyons-en ici l'essentiel. La coupure des mots se définit en cinq principaux points :

1° Dans les grandes justifications (à partir de 30 cicéros), on ne divise qu'en cas d'absolue nécessité.

2° Dans les justifications moyennes (22 cicéros environ), on divise au moins trois lettres en fin de ligne et l'on en rejette quatre de préférence à la ligne suivante.

3° Dans les petites justifications (15 cicéros environ) :
   - une syllabe de deux lettres en fin de ligne ;
   - une syllabe de trois lettres au moins au début de la ligne suivante.

4° Dans les très petites justifications (12 cicéros et au-dessous, habillage de gravure, tête de tableau, manchettes, notes marginales etc.), on se rapprochera de ces règles le plus possible.

5° On doit éviter de terminer un alinéa en ligne creuse (ligne qui ne remplit pas la totalité de la justification) avec la dernière syllabe d'un mot.

Coupures

Notation :   "\" coupures interdites
             "/" coupures autorisées

Ne jamais couper après la première syllabe d'un mot composé d'une seule lettre :
a\bat é\tat, o\ser
Exception : après une élision et à condition que l'apostrophe soit précédée de deux lettres au moins :
qu'a/vaient, s'entr'é/gorger

Interdite après la première lettre suivant l'apostrophe avec c', d', j', m', n', s', t'.
Il pêchait à l'é\pervier
Interdit entre deux voyelles.
monsi\eur consci\ence cré\ancier

Exception : lorsque le mot comprend un préfixe :
anti/apoplectique pré/existence pro/éminent

Lorsque le trait d'union existe dans un mot composé, il vaut mieux diviser après le trait d'union lui-même :
état-/major tire-/bouchon ci-/dessus
Mots composés dont le trait d'union a disparu :
baise/main chèvre/feuille contre/maître

L'usage est de diviser seulement entre deux consonnes redoublées : com/mutateur can/nelle chas/seur

Interdite lorsque **x** et **y** sont non seulement précédés mais aussi suivis d'une voyelle, la division du mot avant ou après ces deux lettres :
Ale\x\andre Bru\x\elles mo\y\ennant
Autorisée seulement lorsque ces lettres sont suivies de consonnes : dex/térité asy/métrie pay/san

❏ Coupures entre les mots

Notation :   "\" coupures interdites
"/" coupures autorisées

Dans les verbes à la troisième personne demandant le **t** euphonique, diviser **avant** cette lettre et **non après** :
aime-/t-il viendra-/t-on pense-/t-elle

Eviter de diviser avant le pronom **en** à l'impératif des verbes du premier groupe, le s étant mis par euphonie, et cela d'autant plus qu'il n'y aurait qu'une lettre ou deux à rejeter à la ligne :
vas-\y pèles-\en sèmes-\en
Autorisée exceptionnellement dans une petite justif après la première ou la deuxième syllabe de certains verbes :
plan/tes-en ache/tes-en épar/gnes-en
Pour la même raison d'euphonie, on divisera :
c'est-à-/dire et non c'est-\à-dire

Voilà pour quelques remarques sur les coupures de mots. Pour en savoir un peu plus, reportez-vous au code typographique.

❏ Coupures de titres

Nous avons déjà considéré les coupures de mots. Mais vous ne savez pas pour autant couper correctement les titres, puisqu'ils sont "régis" par d'autres règles. Pour ce faire, essayez de donner, en voyant ces dix titres, ceux qui sont bien coupés.

1°
Contes pour la princesse qui pleurait toujours (extrait du livre :
"Contes
Slaves")

2°
Contes pour la princesse qui pleurait
toujours (extrait du livre : "Contes Slaves")

3°
Contes
pour la princesse qui
pleurait toujours (extrait du livre : "Contes Slaves")

4°
Contes pour la princesse qui pleurait toujours
(extrait du livre : "Contes Slaves")

5°
Contes
pour la princesse
qui pleurait toujours
(extrait du livre : "Contes Slaves")

6°
Contes
pour la princesse qui pleurait toujours
(extrait du livre : "Contes Slaves")

7°
Contes pour la princesse
qui pleurait
toujours (extrait du livre :
"Contes Slaves")

8°
Contes pour la princesse qui
pleurait toujours (extrait du livre
: "Contes Slaves")

9°
Contes pour la princesse
qui pleurait toujours
(extrait du livre : "Contes Slaves")

10°
Contes
pour la princesse
qui pleurait toujours (extrait du livre :
"Contes Slaves")

Avouez que ce n'est pas si évident que cela... Il n'y a qu'une réponse bonne, la numéro 6, quatre à la limite de l'acceptable, ce sont les numéros 4, 5, 9 et 10. Cinq complètement à proscrire : 1, 2, 3, 7 et 8.
Ceci est extrêmement important.

D'ailleurs, enchaînons avec un autre travail sur les titres. Quelles peuvent être les répercussions graphiques des différentes positions du titre par rapport au texte auquel il est rattaché ? On peut, sans entrer dans les détails, faire ressortir certaines impressions inhérentes à la place d'un titre.

Micro mémento Mise en page et Typographie

Centré : Un peu trop classique, facile, mais lisible.

Le diable et les bœufs

Quand l'Evêque Saint-Vivent décida d'édifier la nouvelle cathédrale de Laon, il ne fut pas seulement écouté de son chapitre. Certes, les moines préparèrent en hâte le "philactère" pour promener à travers la France la colombe d'or et le morceau de la croix, l'éponge de fiel et le suaire, mais l'argent recueilli par les quêtes n'aurait jamais suffi sans l'ingéniosité des artisans consultés à cette fin. Aucune cathédrale ne serait sortie de terre sans le travail acharné des ouvriers carriers, des carroyeurs, des sculpteurs et autres imagiers.

Extrait de "La colline aux contes" d'André Wasilewski.

Fer gauche : image non structurée, mauvais équilibre.

Le diable et les bœufs

Quand l'Evêque Saint-Vivent décida d'édifier la nouvelle cathédrale de Laon, il ne fut pas seulement écouté de son chapitre. Certes, les moines préparèrent en hâte le "philactère" pour promener à travers la France la colombe d'or et le morceau de la croix, l'éponge de fiel et le suaire, mais l'argent recueilli par les quêtes n'aurait jamais suffi sans l'ingéniosité des artisans consultés à cette fin. Aucune cathédrale ne serait sortie de terre sans le travail acharné des ouvriers carriers, des carroyeurs, des sculpteurs et autres imagiers.

Extrait de "La colline aux contes" d'André Wasilewski.

Fer droit : invention, provocation : attention aux interprétations qui peuvent naître.

Le diable et les bœufs

Quand l'Evêque Saint-Vivent décida d'édifier la nouvelle cathédrale de Laon, il ne fut pas seulement écouté de son chapitre. Certes, les moines préparèrent en hâte le "philactère" pour promener à travers la France la colombe d'or et le morceau de la croix, l'éponge de fiel et le suaire, mais l'argent recueilli par les quêtes n'aurait jamais suffi sans l'ingéniosité des artisans consultés à cette fin. Aucune cathédrale ne serait sortie de terre sans le travail acharné des ouvriers carriers, des carroyeurs, des sculpteurs et autres imagiers.

Extrait de "La colline aux contes" d'André Wasilewski.

Alterné ou imprévisible : dangereux, mais si travail bien fait, influence positive sur le lecteur.

> **Le diable et les bœufs**
>
> Quand l'Evêque Saint-Vivent décida d'édifier la nouvelle cathédrale de Laon, il ne fut pas seulement écouté de son chapitre. Certes, les moines préparèrent en hâte le "philactère" pour promener à travers la France la colombe d'or et le morceau de la croix, l'éponge de fiel et le suaire, mais l'argent recueilli par les quêtes n'aurait jamais suffi sans l'ingéniosité des artisans consultés à cette fin. Aucune cathédrale ne serait sortie de terre sans le travail acharné des ouvriers carriers, des carroyeurs, des sculpteurs et autres imagiers.
>
> Extrait de "La colline aux contes" d'André Wasilewski.

Ferrer

❑ Qu'est-ce que les fers ?

Fer gauche : texte calé sur le côté gauche (composition dite en drapeau).
Fer droit : texte calé sur le côté droit (composition dite aussi en drapeau).
Justifié : texte calé à droite et à gauche (composition justifiée).

Pour la petite histoire, les expressions de «fer gauche» et «fer droit» que l'on nomme aussi «fer à gauche» et «fer à droite» proviennent du fait que le texte composé en caractères de plomb se calait entre deux fers, l'un à gauche et l'autre à droite. La justification n'est réservée qu'aux calages parallèles. Les fers ou le centrage peuvent être d'excellents moyens pour construire votre message graphique.

Micro mémento Mise en page et Typographie

❏ Fer gauche

> Quand l'Evêque Saint-Vivent décida d'édifier la nouvelle cathédrale de Laon, Il ne fut pas seulement écouté de son chapitre. Certes, les moines préparèrent en hâte le "philactère" pour promener à travers la France la colombe d'or et le morceau de la croix, l'éponge de fiel et le suaire, mais l'argent recueilli par les quêtes n'aurait jamais suffi sans l'ingéniosité des artisans consultés à cette fin. Aucune cathédrale ne serait sortie de terre sans le travail acharné des ouvriers carrieurs, des carroyeurs, des sculpteurs et autres imagiers.
>
> Extrait de "La colline aux contes" d'André Wasielewski.

Effet

L'œil aujourd'hui est habitué à lire du texte justifié et le fer gauche choque à sa manière. On peut l'employer pour un "attention" ou "remarque" à l'intérieur d'un texte justifié. Afin de bien employer le fer gauche, il faut une justif courte. Le mot "justif" est l'abréviation professionnelle de justification.

Utilisation

- textes courts ;
- légendes d'images ;
- commentaires de schéma.

❏ Fer droit

> Quand l'Evêque Saint-Vivent décida d'édifier la nouvelle cathédrale de Laon, Il ne fut pas seulement écouté de son chapitre. Certes, les moines préparèrent en hâte le "philactère" pour promener à travers la France la colombe d'or et le morceau de la croix, l'éponge de fiel et le suaire, mais l'argent recueilli par les quêtes n'aurait jamais suffi sans l'ingéniosité des artisans consultés à cette fin. Aucune cathédrale ne serait sortie de terre sans le travail acharné des ouvriers carrieurs, des carroyeurs, des sculpteurs et autres imagiers.
>
> Extrait de "La colline aux contes" d'André Wasielewski.

Effet

L'œil est habitué à commencer sa lecture au même endroit à gauche, alors que là, il est momentanément perdu.

Texte

La lecture en est ralentie, accroche le lecteur mais le fatigue.
Le calage à droite prend son assise à la droite de son centre de gravité graphique (2/3 de la justif' en diagonale).
Le fer droit est souvent utilisé en publicité ou pour la conception de catalogues.

Dans tous les cas :
- éviter les coupures de mots ;
- les textes longs.

Doubles fers

Les doubles fers apportent une empreinte de sûreté et de sérieux, de "voulu", de distingué...

❑ Double fer droit

Les lois esthétiques sont telles que si vous utilisez un fer droit pour un texte, choisissez pour un times C 10 (C signifie corps), une justif sensiblement plus courte (soit entre 100 et 110 mm) que le fer gauche seul.

> Quand l'Evêque Saint-Vivent décida d'édifier la nouvelle cathédrale de Laon, il ne fut pas seulement écouté de son chapitre. Certes, les moines préparèrent en hâte le "phi-lactère" pour promener à travers la France la colombe d'or et le morceau de la croix, l'éponge de fiel et le suaire, mais l'argent recueilli par les quêtes n'aurait jamais suffi sans l'ingéniosité des artisans consultés à cette fin. Aucune cathédrale ne serait sortie de terre sans le travail acharné des ouvriers carriers, des carroyeurs, des sculpteurs et autres imagiers. Mais encore... sachons qu'à cette date, dans la salle même où le Saint-Evêque convenait des plans nécessaires à l'érection de la Sainte-Eglise vouée à la Vierge, un personnage diabolique prenait sa part d'informations pour le compte de Satan. Le prince des ténèbres déléguait ainsi, de par le monde, des messa
>
> Quand l'Evêque Saint-Vivent décida d'édifier la nouvelle cathédrale de Laon, il ne fut pas seulement écouté de son chapitre. Certes, les moines préparèrent en hâte le "phi-lactère" pour promener à travers la France la colombe d'or et le morceau de la croix, l'éponge de fiel et le suaire, mais l'argent recueilli par les quêtes n'aurait jamais suffi sans l'ingéniosité des artisans consultés à cette fin. Aucune cathédrale ne serait sortie de terre sans le travail acharné des ouvriers carriers, des carroyeurs, des sculpteurs et autres imagiers. Mais encore... sachons qu'à cette date, dans la salle même où le Saint-Evêque convenait des plans nécessaires à l'érection de la Sainte-Eglise vouée à la Vierge, un personnage diabolique prenait sa part d'informations pour le compte de Satan. Le prince des ténèbres déléguait ainsi, de par le monde, des messa

Micro mémento Mise en page et Typographie

Effet

On retrouve le problème de l'adaptation de l'œil par rapport au sens de lecture qui n'est pas le meilleur sur l'ensemble d'un livre. Une maquette de ce style peut autoriser beaucoup de fantaisie. C'est le "modèle" excentrique fort utilisé en publicité, en livres d'art ou encore pour des plaquettes promotionnelles de produits grand standing.

❑ Double fer gauche

> Quand l'Evêque Saint-Vivent décida d'édifier la nouvelle cathédrale de Laon, il ne fut pas seulement écouté de son chapitre. Certes, les moines préparèrent en hâte le "phi-lactère" pour promener à travers la France la colombe d'or et le morceau de la croix, l'éponge de fiel et le suaire, mais l'argent recueilli par les quêtes n'aurait jamais suffi sans l'ingéniosité des artisans consultés à cette fin. Aucune cathédrale ne serait sortie de terre sans le travail acharné des ouvriers carriers, des carroyeurs, des sculpteurs et autres imagiers. Mais encore... sachons qu'à cette date, dans la salle même où le Saint-Evêque convenait des plans nécessaires à l'érection de la Sainte-Eglise vouée à la Vierge, un personnage diabolique prenait sa part d'informations pour le compte de Satan. Le prince des ténèbres déléguait ainsi, de par le monde, des messa-
>
> Quand l'Evêque Saint-Vivent décida d'édifier la nouvelle cathédrale de Laon, il ne fut pas seulement écouté de son chapitre. Certes, les moines préparèrent en hâte le "phi-lactère" pour promener à travers la France la colombe d'or et le morceau de la croix, l'éponge de fiel et le suaire, mais l'argent recueilli par les quêtes n'aurait jamais suffi sans l'ingéniosité des artisans consultés à cette fin. Aucune cathédrale ne serait sortie de terre sans le travail acharné des ouvriers carriers, des carroyeurs, des sculpteurs et autres imagiers. Mais encore... sachons qu'à cette date, dans la salle même où le Saint-Evêque convenait des plans nécessaires à l'érection de la Sainte-Eglise vouée à la Vierge, un personnage diabolique prenait sa part d'informations pour le compte de Satan. Le prince des ténèbres déléguait ainsi, de par le monde, des messa-

Effet

Ceci est une présentation vieillie mais non dénuée d'esthétisme. L'impression que donne ce type de mise en page est qu'elle "penche" d'un côté.

Cela s'améliore en y intégrant des illustrations ou des notes extérieures. Cependant, sachant que ce fer gauche doublé est un choix, le regard n'est donc pas le même.

❑ Fers extérieurs

> Quand l'Evêque Saint-Vivent décida d'édifier la nouvelle cathédrale de Laon, il ne fut pas seulement écouté de son chapitre. Certes, les moines préparèrent en hâte le "phi-lactère" pour promener à travers la France la colombe d'or et le morceau de la croix, l'éponge de fiel et le suaire, mais l'argent recueilli par les quêtes n'aurait jamais suffi sans l'ingéniosité des artisans consultés à cette fin. Aucune cathédrale ne serait sortie de terre sans le travail acharné des ouvriers carriers, des carroyeurs, des sculpteurs et autres imagiers. Mais encore... sachons qu'à cette date, dans la salle même où le Saint-Evêque convenait des plans nécessaires à l'érection de la Sainte-Eglise vouée à la Vierge, un personnage diabolique prenait sa part d'informations pour le compte de Satan. Le prince des ténèbres déléguait ainsi, de par le monde, des messa-

Effet

La première impression semble être un magistral flottement. Mais bon nombre de mise en page sont construites sur ce modèle comme les livres d'art ou de contes qui ne demandent pas une lecture technique et suivie. A cause de l'impression de "déchirure" centrale, ces mises en page sont peu employées. Ils ont sans doute l'âme un peu plus sensible...

❑ Fers intérieurs

> Quand l'Evêque Saint-Vivent décida d'édifier la nouvelle cathédrale de Laon, il ne fut pas seulement écouté de son chapitre. Certes, les moines préparèrent en hâte le "phi-lactère" pour promener à travers la France la colombe d'or et le morceau de la croix, l'éponge de fiel et le suaire, mais l'argent recueilli par les quêtes n'aurait jamais suffi sans l'ingéniosité des artisans consultés à cette fin. Aucune cathédrale ne serait sortie de terre sans le travail acharné des ouvriers carriers, des carroyeurs, des sculpteurs et autres imagiers. Mais encore... sachons qu'à cette date, dans la salle même où le Saint-Evêque convenait des plans nécessaires à l'érection de la Sainte-Eglise vouée à la Vierge, un personnage diabolique prenait sa part d'informations pour le compte de Satan. Le prince des ténèbres déléguait ainsi, de par le monde, des messa-

Micro mémento Mise en page et Typographie

Effet

La plus esthétique des quatre "doubles" présentations proposées. Elle provient d'un centrage total sur deux pages. On a trouvé ces maquettes pour des livres de poésies. Ces ouvrages supportent le double centrage. Mais, là encore, outre cette envolée de style (oiseau qui semble s'envoler), c'est une maquette qui n'est absolument pas lisible. A n'utiliser donc que sur des textes courts ou effets de pub.

Centrer

❏ Définition

Le centrage est, par définition, un anti-fer. Le texte n'est calé ni à droite, ni à gauche. Son harmonie repose sur un axe central fragile.

Effet

En effet, si l'on trace une ligne verticale, l'axe semble avoir un léger mouvement d'oscillation. Sur un texte très long et de petite justif, vous pourriez remarquer que votre œil se balance comme un métronome.

Texte

Rassurez-vous, l'observation de la Tour Eiffel donne la même impression et ne s'en porte pas plus mal... Tout centrage peut se façonner aisément et donner de très belles figures dignes de la calligraphie.

Dans les deux schémas qui suivent vous pouvez remarquer que même le centrage se doit de "coller" au gabarit.

> Quand l'Evêque Saint-Vivent décida d'édifier la nouvelle cathédrale de Laon, il ne fut pas seulement écouté de son chapitre. Certes, les moines préparèrent en hâte le "phi-lactère" pour promener à travers la France la colombe d'or et le morceau de la croix, l'éponge de fiel et le suaire, mais l'argent recueilli par les quêtes n'aurait jamais suffi sans l'ingéniosité des artisans con cette fin. Aucune cathédrale r

Utilisation

Employé pour les **titres**, le centrage n'offre que peu de possibilités dans la vie pratique de la mise en page de textes courants.

On retrouve des décalages à droite, et à gauche, sans aucun point de repère entre les lignes.

L'œil se fatigue très vite, et ne supporte dans ce cas là que neuf pages consécutives : utilisé dans la **publicité** et dans les **annonces de presse**.

Éditorial ; nous avons remarqué que la majorité de ces textes d'a-

> Quand l'Evêque Saint-Vivent décida d'édifier la nouvelle cathédrale de Laon, il ne fut pas seulement écouté de son chapitre. Certes, les moines préparèrent en hâte le "phi-lactère" pour promener à travers la France la colombe d'or et le morceau de la croix, l'éponge de fiel et le suaire, mais l'argent recueilli par les quêtes n'aurait jamais suffi sans l'ingéniosité des artisans consultés à cette fin. Aucune cathédrale ne serait

vant première étaient maintenant devenus centrés afin d'être lus et surtout remarqués. Ils accrochent l'œil, mais lui-même habitué à lire l'éditorial sous cette forme n'y fait plus attention.

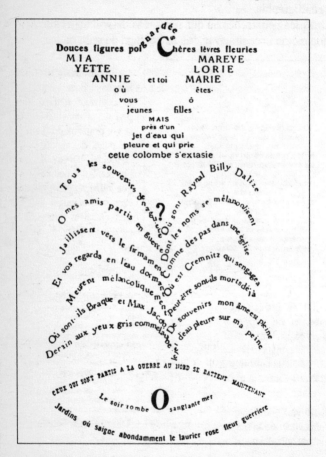

L'effet du centrage disparaît et de nouveau le texte retombe dans sa léthargie habituelle, et personne ne le lit.

Introduction de texte justifié ou ferré, (presse et ses légendaires chapeaux).

Textes poétiques ou dits poétiques. Mais l'harmonie des mots ne doit pas passer par un subterfuge de mise en page tel que le centrage par exemple.

Les harmonies à base de centrage ne sont pas non plus des plus banales, voyez ci-contre et ci-dessous :

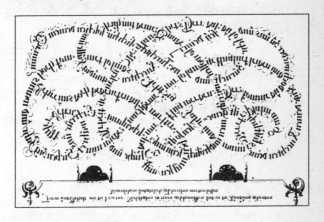

Construction

Donnez-vous une valeur de justif maximale et minimale également. Lorsque l'on centre un texte, n'oubliez pas qu'il s'inscrit dans un gabarit comme s'il devait être justifié.

- Eliminez toutes les coupures de mots.
- Rétablissez sur une même ligne les longues phrases entre parenthèses.

Rappelez-vous les bonnes utilisations :
- L'emploi dans des titres ;
- L'emploi pour mettre en valeur des phrases détachées de l'ensemble du texte :
  - chapeaux ;
  - références de bas de page ;
  - les "attentions" dans le corps du texte ;
- Les têtières de tableaux ;
- Les libellés à l'intérieur d'organigrammes ;
- Les démonstrations à caractère graphique (plan de bureau par exemple).

Justifier

❏ Forme et lisibilité

Le diable et les boeufs

Quand l'Evêque Saint-Vivent décida d'édifier la nouvelle cathédrale de Laon, il ne fut pas seulement écouté de son chapitre. Certes, les moines préparèrent en hâte le "philactère" pour promener à travers la France la colombe d'or et le morceau de la croix, l'éponge de fiel et le suaire, mais l'argent recueilli par les quêtes n'aurait jamais suffi sans l'ingéniosité des artisans consultés à cette fin. Aucune cathédrale ne serait sortie de terre sans le travail acharné des ouvriers carriers, des carroyeurs, des sculpteurs et autres imagiers. Mais encore... sachons qu'à cette date, dans la salle même où le Saint-Evêque convenait des plans nécessaires à l'érection de la Sainte-Eglise vouée à la Vierge, un personnage diabolique prenait sa part d'informations pour le compte de Satan. Le prince des ténèbres déléguait ainsi, de par le monde, des messagers infernaux qui l'entretenaient des projets des hommes de bien. Qu'ils soient d'église ou non.

Texte

Effet

Dès que l'on parle de maquette, l'inconscient imagine un texte justifié, avec un titre et une référence au besoin et c'est tout...

Remarques
- Chaque configuration est un ensemble de choix. Comparez la lisibilité du "texte justifié" avec celle du texte centré.
- Remarquez comme la lisibilité s'en trouve sensiblement améliorée : le texte est calé et donc l'œil est guidé.
- Même guidé, il est poussé à opérer un grand mouvement monotone pour lire une ligne. La justification est trop importante par rapport à la taille du caractère.

Conseil

Pour un Times C 10 on compte entre 82 et 86 caractères sur une justification de 120 mm. Le meilleur rapport est, dit-on, une lisibilité de 70 à 75 caractères sur une ligne.

Attention : ne pas prendre ceci comme une norme absolue. Pour vous en convaincre, comparez la lisiblité au nombre de caractères d'un livre d'enfant, et celle du Journal Officiel. Un C10 s'attribue une justif de 110, un C12 une justif de 130 mm.

Renfoncer/Défoncer

Le diable et les bœufs

Quand l'Evêque Saint-Vivant décida d'édifier la nouvelle cathédrale de Laon, il ne fut pas seulement écouté de son chapitre. Certes, les moines préparèrent en hâte le "philactère" pour promener à travers la France la colombe d'or et le morceau de la croix, l'éponge de fiel et le suaire, mais l'argent recueilli par les quêtes n'aurait jamais suffi sans l'ingéniosité des artisans consultés à cette fin. Aucune cathédrale ne serait sortie de terre sans le travail acharné des ouvriers carriers, des carroyeurs, des sculpteurs et autres imagiers.

❏ Renfoncer

Marque le texte d'un espace blanc en début de paragraphe. Chacun de ces espaces blancs peut avoir différentes valeurs :
- 1/4 de cadratin ;
- 1/2 de cadratin ;
- 1 cadratin ;
- 2 ou plusieurs autres cadratins ou cadrats (multiples).

Définition

On appelle cadratin un blanc pour le renfoncement des lignes de début d'alinéa. Il a une forme carrée de largeur et de corps égaux. Le cadratin de C9 (corps 9) a une chasse de 9 points, celui de C14 (corps 14) a une chasse de 14 points.
Ici, il s'agit de placer un ou plusieurs cadratins en fonction de l'esthétique choisie.

Le diable et les bœufs

Quand l'Evêque Saint-Vivent décida d'édifier la nouvelle cathédrale de Laon, il ne fut pas seulement écouté de son chapitre. Certes, les moines préparèrent en hâte le "philactère" pour promener à travers la France la colombe d'or et le morceau de la croix, l'éponge de fiel et le suaire, mais l'argent recueilli par les quêtes n'aurait jamais suffi sans l'ingéniosité des artisans consultés à cette fin. Aucune cathédrale ne serait sortie de terre sans le travail acharné des ouvriers carriéres, des carroyeurs, des sculpteurs et autres imagiers.

Le diable
et les boeufs

Quand l'Evêque Saint-Vivent décida d'édifier............
Laon, il ne fut pas seulement écouté de son chapitre........
en hâte le "philactère" pour promener à travers la France.....

Remarque
Vous pouvez voir sur cette mise en page un défaut majeur. Le nombre de cadratins choisi est mauvais, car il n'a pas tenu compte de la position du titre. En effet, le titre centré "commence" à 1/2 cadratin plus loin que le paragraphe qui le suit. Pour remédier à cela, vous avez plusieurs solutions :

- Soit rendre homogène le nombre de cadratins en laissant le titre centré ;
- Soit, ce qui est plus esthétique, renoncer au centrage du titre qui n'apporte plus rien ici, et le caler :
  - soit fer gauche,
  - soit fer droit,
  - soit opérer une coupure sur l'alinéa…

> Le diable
> et les bœufs
>
> Quand l'Evêque Saint-Vivent ….
> Laon, il ne fut pas seulement écouté …..
> en hâte le "philactère" pour promener à …

❏ Défoncer

Effet

S'utilise de la même façon que les renfoncements à ceci près qu'ils soulèvent un problème de justification.

La différence qui existe entre ces deux justifications occasionnées est nette. On passe dans le cas réel (ici en réduction), d'une justif de 120 mm à une de 134 mm sur les trois premières lignes pour chaque paragraphe. On a déjà vu qu'un Times C10 sur 120 de justif paraissait juste, sur 134 mm ceci se voit plus clairement.

> **Le diable et les bœufs**
>
> Quand l'Evêque Saint-Vivent décida d'édifier la nouvelle cathédrale de Laon, il ne fut pas seulement écouté de son chapitre. Certes, les moines préparèrent en hâte le "philactère" pour promener à travers la France la colombe d'or et le morceau de la croix, l'éponge de fiel et le suaire, mais l'argent recueilli par les quêtes n'aurait jamais suffi sans l'ingéniosité des artisans consultés à cette fin. Aucune cathédrale ne serait sortie de terre sans le travail acharné des ouvriers carriers, des carroyeurs, des sculpteurs et autres imagiers. Mais encore... sachons qu'à cette date, dans la salle

Utilisation

On peut employer des défoncements pour :
- Tous les journaux d'entreprise,
- Les documentations commerciales.

On peut également graisser une partie de texte en 1/2 gras.

Exemple

Si vous placez un défoncement :
- Ne le mettez pas en gras et en italique en même temps. Choisissez l'un ou l'autre. Vous attribueriez deux valeurs "esthétiques" pour un seul élément et cela conduirait à l'effet inverse de celui que vous recherchez. Vous avez ci-contre un cas type.

Texte

> ### Le diable et les bœufs
>
> Quand l'Evêque Saint-Vivent décida d'édifier la nouvelle cathédrale de Laon, il ne fut pas seulement écouté de son chapitre. Certes, les moines préparèrent en hâte le "philactère" pour promener à travers la France la colombe d'or et le morceau de la croix, l'éponge de fiel et le suaire, mais l'argent recueilli par les quêtes n'aurait jamais suffi sans l'ingéniosité des artisans consultés à cette fin. Aucune cathédrale ne serait sortie de terre sans le travail acharné des ouvriers carriers, des carroyeurs, des sculpteurs et autres imagiers.
>
> Extrait de "La colline aux contes" d'André Wasilewski.

Non seulement le titre n'a pas la même compo que celle du texte (ce qui en soi n'est pas forcément illogique), mais en plus il est centré et en 1/2 gras...

Cet exemple montre que la pratique du graphisme et de la typographie revient :
- A avoir de bonnes idées ;
- A les concrétiser ;
- A se poser les bonnes questions sur les réalisations ;
- A apporter des améliorations.

❑ Corps de titre

Considérant que le texte est en Times C10, quelle valeur lui auriez-vous attribuée ? Il est actuellement en Bookman C18 bdc (bas de casse). Il aurait plus d'allure et serait plus homogène avec l'esprit qui se dégage de ce texte, en C14 CAP ou C 16 bdc maigre.

Chaque caractère comporte en lui une image et des associations d'idées. Mais il serait trop long de tout expliquer ici en détail.

Micro mémento Mise en page et Typographie

A partir du dernier exemple, voici une autre possibilité pour tout texte long qui demande quelquefois un peu de fantaisie et de souffle et d'être agréable tout en restant sobre.

Remarque : l'une des possibilités qu'offrent certains logiciels de mise en page par rapport à la mise en page traditionnelle est de pouvoir commencer un paragraphe **automatiquement** et exactement à l'endroit où celui qui le précède se termine. Ceci dit, on peut le faire manuellement avec les autres logiciels. L'avantage de l'automatisation de ce procédé est qu'il n'est nul besoin de passer un temps fou sur ces petites coquetteries.

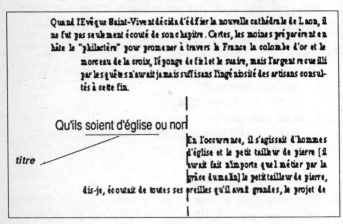

Colonnes

Le multi-colonnage est une arme à double tranchant, car il peut à la fois embellir une mise en page, comme il peut la détruire complètement. Nous avons déjà vu les problèmes de justification par rapport au choix de corps de caractères. Ces choix sont d'autant plus importants dans les colonnes que la chasse ne permet pas une lisibilité immédiate.

Vous avez un exemple ci-dessous :

Le dia- ble et les bœufs	morceau de la croix, l'éponge de fiel et le suaire, mais l'argent recueilli par les quêtes n'aurait jamais suffi sans l'ingéniosité des artisans consultés à cette fin. Aucune cathédrale ne serait sortie de terre sans le travail acharné des	sachons qu'à cette date, dans la salle même où le Saint-Evêque convenait des plans nécessaires à l'érection de la Sainte-Eglise vouée à la Vierge, un personnage diabolique prenait sa part d'informations pour le	infernaux qui l'entretenaient des projets des hommes de bien. Qu'ils soient d'église ou non. En l'occurrence, il s'agissait d'hommes d'église et le petit tailleur de pierre (il aurait fait n'importe quel métier par la grâce du	grandes, le projet de monter sur le plateau de Laon de grosses pierres blanches pour bâtir la cathédrale. Le soir venu, le messager adressa comme il était convenu ses nouvelles à Belzébuth qui lui ordonna de contrarier	creusé tant de galeries sous la ville pour édifier les remparts que la butte de Laon n'était plus qu'un vieux fromage abandonné des souris ; des souterrains allaient se perdre jusqu'à l'horizon et des passages secrets	de Pargnan, de Craonne, des charettes tirées de grands attelages s'acheminèrent lentement vers la colline sacrée. Les chevaux s'ébrouaient sous le vent d'hiver et la vapeur s'élevant les enveloppait sortant de leurs naseaux et
Quand l'Evêque Saint-Vivent décida d'édifier la nouvelle cathédrale de Laon, il ne fut pas seulement écouté de son chapitre. Certes, les moines						

C'est le cas le plus extrême qui soit. Dans la réalité, c'est presque aussi catastrophique que cela. Ceci nous permet d'aborder le cas des journaux.

Qu'ils soient d'entreprise d'information, comme les grands tirages que vous connaissez, vous rencontrez des mots trop souvent mal coupés.

❏ Normes à employer

Pour les différentes justifications

Les éléments de l'exemple ci-dessous sont un Helvetica C6 CAP/bdc (CAP comme capitales et bdc comme bas de casse) sur justif de 20 mm.

Le diable et les bœufs

Quand l'Évêque Saint-Vivent décida d'édifier la nouvelle cathédrale de Laon, il ne fut pas seulement écouté de son chapitre.

Certes, les moines préparèrent en hâte le « philactère » pour promener à travers la France la colombe d'or et le morceau de la croix, l'éponge de fiel et le suaire, mais l'argent recueilli par les quêtes n'aurait jamais suffi sans l'ingéniosité des artisans consultés à cette fin. Aucune cathédrale ne serait sortie de terre sans le travail acharné des ouvriers carriers, des carroyeurs, des sculpteurs et autres imagiers. Mais encore... sachons qu'à cette date, dans la salle même où le Saint-Évêque convenait des plans nécessaires à l'érection de la Sainte-Église vouée à la Vierge, un personnage diabolique prenait sa part d'informations pour le compte de Satan. Le prince des ténèbres déléguait ainsi, de par le monde, des messagers infernaux qui entretenaient des projets des hommes de bien. Qu'ils soient d'église ou non.

En l'occurrence, il s'agissait d'hommes d'église et le petit tailleur de pierre (il aurait fait n'importe quel métier par le grâce du malin) le petit tailleur de pierre, dis-je, écoutait de toutes ses oreilles qu'il avait grandies, le projet de monter sur le plateau de Laon de grosses pierres blanches pour bâtir la cathédrale. Le soir venu, le messager adressa comme il était convenu ses nouvelles à Belzébuth qui lui ordonna de contrarier l'entreprise du mieux qu'il pouvait. Des pierres manquaient pour l'édifice : on avait creusé tant de galeries sous la ville pour édifier les remparts que la butte de Laon n'était plus qu'un vieux fromage abandonné des souris ; des souterrains allaient se perdre jusqu'à l'horizon et des passages secrets permettaient de traverser la butte de cave en cave, à l'abri de la pluie et du vent. Ainsi de Coligny, de Pargnan, de Craonne, des charrettes tirées de grands attelages s'acheminèrent lentement vers la colline sacrée. Les chevaux s'ébrouaient sous le vent d'hiver et la vapeur s'élevant de leurs naseaux et courant sur leurs flancs agités...

Imaginons maintenant le même exemple avec un changement sensible. Ci-contre, nous avons copié l'exemple précédent et nous l'avons ferré à gauche. Mesurez vous-même les changements opérés par cette manipulation

Les premières questions à se poser sont les suivantes :
- La lisibilité en est-elle améliorée ?
- Le texte tient-il maintenant dans le même espace ?
- La justif semble-t-elle plus appropriée ?

Texte

Le diable et les boeufs

Quand l'Évêque Saint-Vivent décida d'édifier la nouvelle cathédrale de Laon, il ne fut pas seulement écouté de son chapitre.

Certes, les moines préparèrent en hâte le "philactère" pour promener à travers la France la colombe d'or et le morceau de la croix, l'éponge de fiel et le suaire, mais l'argent recueilli par les quêtes n'aurait jamais suffi sans l'ingéniosité des artisans consultés à cette fin. Aucune cathédrale ne serait sortie de terre sans le travail acharné des ouvriers carriers, des carroyeurs, des sculpteurs et autres imagiers. Mais encore... sachons qu'à cette date, dans la salle même où le Saint-Évêque convenait des plans nécessaires à l'érection de la Sainte-Église vouée à la Vierge, un personnage diabolique prenait sa part d'informations pour le compte de Satan. Le prince des ténèbres déléguait ainsi, de par le monde, des messagers infernaux qui entretenaient des projets des hommes de bien. Qu'ils soient d'église ou non.

En l'occurrence, il s'agissait d'hommes d'église et le petit tailleur de pierre (il aurait fait n'importe quel métier par la grâce du malin) le petit tailleur de pierre, dis-je, écoutait de toutes ses oreilles qu'il avait grandes, le projet de monter sur le plateau de Laon de grosses pierres blanches pour bâtir la cathédrale. Le soir venu, le messager adressa comme il était convenu ses nouvelles à Belzébuth qui lui ordonna de contrarier l'entreprise du mieux qu'il pouvait. Des pierres manquaient pour l'édifice : on avait creusé tant de galeries sous la ville pour édifier les remparts que la butte de Laon n'était plus qu'un vieux fromage abandonné des souris ; des souterrains allaient se perdre jusqu'à l'horizon et des passages secrets permettaient de traverser la butte de cave en cave, à l'abri de la pluie et du vent. Ainsi de Coligny, de Parnan, de Craonne, des charettes tirées de grands attelages s'acheminèrent lentement vers la colline sacrée. Les chevaux s'ébrouaient sous le vent d'hiver et la vapeur s'élevant les enveloppait sortant de leurs naseaux et courant sur leurs flancs agités...

Regardez ce qu'il se passe dès que l'on créé en quatre colonnes. Nous pourrions aller encore plus loin avec ces colonnes.

Le diable et les boeufs

Quand l'Évêque Saint-Vivent décida d'édifier la nouvelle cathédrale de Laon, il ne fut pas seulement écouté de son chapitre.

Certes, les moines préparèrent en hâte le "philactère" pour promener à travers la France la colombe d'or et le morceau de la croix, l'éponge de fiel et le suaire, mais l'argent recueilli par les quêtes n'aurait jamais suffi sans l'ingéniosité des artisans consultés à cette fin. Aucune cathédrale ne serait sortie de terre sans le travail acharné des ouvriers carriers, des carroyeurs, des sculpteurs et autres imagiers. Mais encore... sachons qu'à cette date, dans la salle même où le Saint-Évêque convenait des plans nécessaires à l'érection de la Sainte-Église vouée à la Vierge, un personnage diabolique prenait sa part d'informations pour le compte de Satan. Le prince des ténèbres déléguait ainsi, de par le monde, des messagers infernaux qui entretenaient des projets des hommes de bien. Qu'ils soient d'église ou non.

En l'occurrence, il s'agissait d'hommes d'église et le petit tailleur de pierre (il aurait fait n'importe quel métier par la grâce du malin) le petit tailleur de pierre, dis-je, écoutait de toutes ses oreilles qu'il avait grandes, le projet de monter sur le plateau de Laon de grosses pierres blanches pour bâtir la cathédrale. Le soir venu, le messager adressa comme il était convenu ses nouvelles à Belzébuth qui lui ordonna de contrarier l'entreprise du mieux qu'il pouvait. Des pierres manquaient pour l'édifice : on avait creusé tant de galeries sous la ville pour édifier les remparts que la butte de Laon n'était plus qu'un vieux fromage abandonné des souris ; des souterrains allaient se perdre jusqu'à l'horizon et des passages secrets permettaient de traverser la butte de cave en cave, à l'abri de la pluie et du vent. Ainsi de Coligny, de Parnan, de Craonne, des charettes tirées de grands attelages s'acheminèrent lentement vers la colline sacrée. Les chevaux s'ébrouaient sous le vent d'hiver et la vapeur s'élevant les enveloppait sortant de leurs naseaux et courant sur leurs flancs agités...

Mais il faut avant tout retenir que :
- Avant de décider d'un colonnage, analysez le fond de votre texte, ses destinataires, sa vocation...

- Demandez-vous si les doubles ou triples colonnes apporteront un aspect dynamique à votre texte ou si c'est un simple caprice esthétique.

Remarque très importante
Votre mise en page peut être construite avec le meilleur rapport justif/corps de caractères, le meilleur choix peut contenir tous les attributs qui la rendent superbe... mais ne risque d'être démolie simplement parce que vous avez décidé d'un multi-colonnage alors que ce n'était pas indispensable. Le multi-colonnage se retrouve dans beaucoup de cas de figure. Nous allons tenter de chercher différentes illustrations qui éclaireront notre propos au chapitre Traitement du document. Quoi de plus anodin qu'un extrait de page de catalogue, que l'on regarde d'un œil distrait le soir ou lorsqu'on n'a pas envie vraiment de réfléchir. L'œil est guidé pratiquement directement sur la partie représentée en plus foncé sur le croquis ci-dessous.

❏ Conception

Le sens de lecture doit amener le maquettiste à modifier sa conception. Personne ne prend une publication du bout "supérieur gauche" pour en terminer au bout "inférieur-droit". Il paraît évident que si l'œil n'a pas été appelé sur l'ensemble ou sur un élément déterminant, il ne verra rien du tout et passera à côté de votre information, tout aussi intéressante soit-elle...

C'est vraiment extrêmement important. L'aspect multi-colonnage est "camouflé" par la mise en place de deux justifications égales, travaillées en habillage, l'une avec un titre, l'autre avec une illustration.

Texte

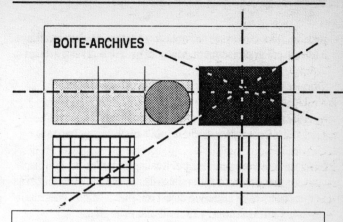

BOITE-ARCHIVES Plus attrayante et à étiquetage plus visible. Dynamise vos classements. Facilite rangements et recherches.

Idéale pour l'archivage des documents jusqu'au format 24 × 32 cm. Très belle qualité, robuste, en carton fort, indéformable, présentation soignée. Double indexage pour classement vertical ou horizontal. 34 × 25,2 × 8,3 cm (utiles 32,5 × 24,5 × 8 cm). Livrées à plat en carton de 100 d'une même couleur ou assorties.

par 100, le cent	par 200, le cent	par 500, le cent
ht **310** F (ttc 367,66)	ht **287** F (ttc 340,39)	ht **269** F (ttc 319,04)

55-10 assorties, 55-00 rouge, 55-01 bleue,
55-07 verte, 55-03 jaune, 55-04 marron.

BOITE-ARCHIVES 206-01
Nous pouvons toujours vous fournir la boîte-archives en présentation classique. Qualité, dim. et prix identiques au modèle ci-dessus. Précisez code 206-01.

Pour un classement d'archives idéal, pratique, parfaitement accessible.

Remarque

Si l'œil a été attiré par un point, le lecteur va donc entamer sa lecture et, au lieu de suivre un chemin simple d'un texte justifié, il va être systématiquement transporté d'un habillage à un autre. Par conséquent, tout sera lu et **le but sera atteint...**

Donner un relief à la maquette (journal par exemple) :
- Utiliser les trames ;
- Placer de l'italique (quoique moins lisible) ;
- Mettre en corps supérieur (pour réaliser un chapeau).

Il en va de même pour les publicités, les bulletins d'information, les plaquettes commerciales d'entreprise... Tous les écrits sont concernés et notre vie en est remplie... Mieux communiquer vos informations, c'est tellement simple...

Aujourd'hui, il y a de bons outils de communication, utilisez-les, et construisez des maquettes qui parlent toutes seules...

Tramer

Nous allons découvrir un maximum de linéatures de trames au travers d'exemples. Vous pourrez constater que l'on n'utilise pas n'importe quelle type de trame pour effectuer n'importe quel travail.

Les effets sont fondamentalement différents.
- Les lignes
- Les points

Les moirages (croisement de trame) sont parfois voulus. Cela apporte un système graphique spécial, mais très difficile à traiter en imprimerie.

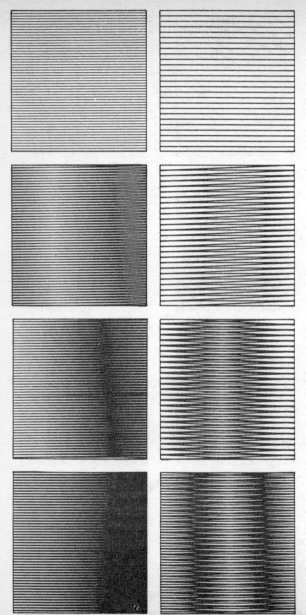

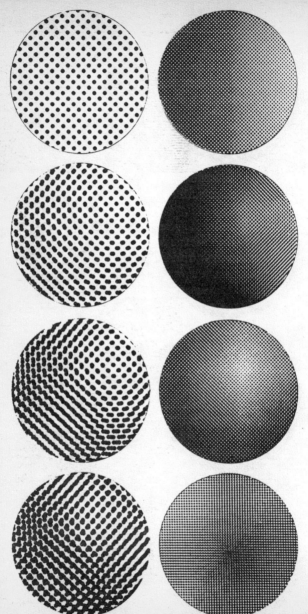

Texte

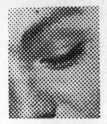

1. Schéma de la trame de photogravure typo : quadrillage obtenu par la réunion de deux glaces portant des lignes opaques gravées. Les glaces sont ajustées de manière que ces lignes se croisent à angle droit. L'écartement des lignes détermine la linéature de la trame. Une trame journal compte 65 lignes au pouce anglais (25,4 mm). Une trame fine en compte 152.

6. Cliché réalisé avec une trame de 65 lignes au pouce anglais (26 lignes au centimètre).

2. Schéma montrant la place de la trame dans l'appareil de reproduction (en avant de la plaque sensible).

7. Fragment du cliché précédent grossi environ dix fois. La fraction reproduite correspond au carré délimité au centre par un trait blanc.

3. Schéma montrant la formation des points de trame. La lumière réfléchie par le document original passe par l'objectif et rencontre la trame avant d'atteindre la couche sensible. Elle est transformée en de minuscules cônes de lumière et d'ombre qui forment les points de la trame. La couche sensible développée donnera un négatif tramé qui sera copié sur une plaque de métal. La plaque de métal, gravée, deviendra le cliché de similigravure.

8. Le même cliché réalisé avec une trame de 100 lignes au pouce (40 lignes au centimètre).

4. Schéma montrant la traduction en points, par la similigravure, des différentes nuances d'un document (du gris au noir).

5. Schéma montrant, en coupe verticale, la disposition des points d'un cliché de similigravure destiné à reproduire des valeurs différentes (du gris au noir).

9. Le même cliché réalisé avec une trame de 150 lignes au pouce (60 lignes au centimètre).

Micro mémento Mise en page et Typographie

Texte

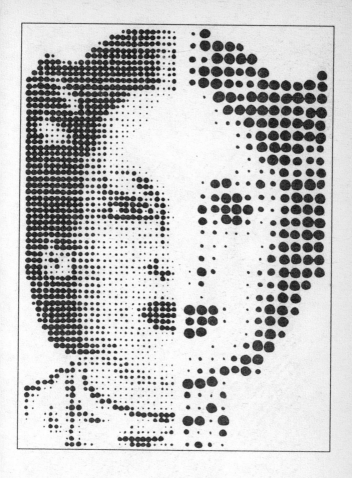

Micro mémento Mise en page et Typographie

Texte

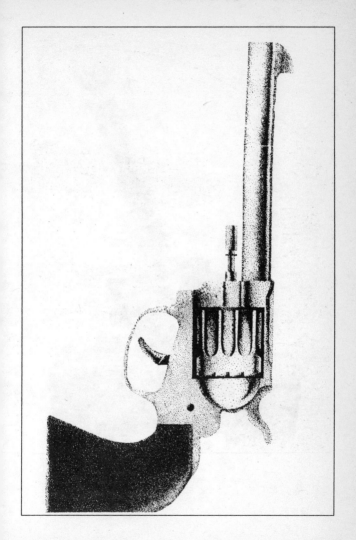

Micro mémento Mise en page et Typographie

Texte

Les filets sont assez nombreux :

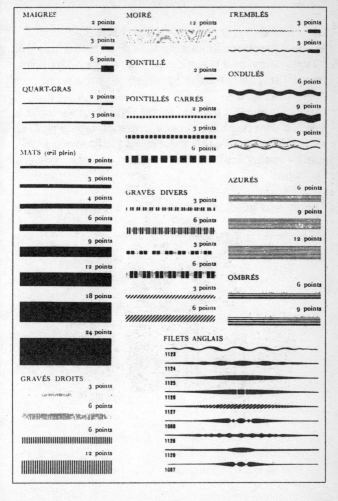

Choisir ses caractères

❑ Qu'est-ce qu'un caractère ?

Un caractère est avant tout un parallélépipède de métal destiné à l'impression, dont la partie supérieure (surface d'œil) porte en relief une lettre à l'envers. Sa partie inférieure est creusée en forme de gouttière.

Sur tout le matériel français, le côté vertical (ce qui limite le talus en tête) possède un cran à environ 7 mm du pied. La distance entre l'œil du caractère et son pied ne varie jamais, quelles qu'en soient leurs caractéristiques de famille, de signe, de corps.

Découvrons les schémas de caractères bas de casse d'abord et capitale ensuite.

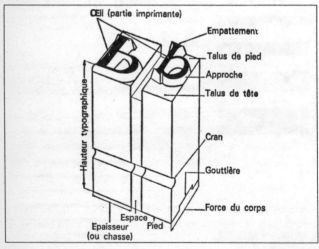

Texte

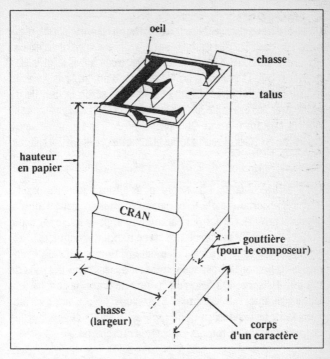

Le caractère n'est pas simplement et exclusivement une lettre, ce peut être un chiffre, un signe de ponctuation ou encore caractère spécial comme les signes mathématiques... Dans tous les cas, il a trois dimensions : hauteur, largeur, et corps.

Hauteur
C'est-à-dire sa hauteur en papier (en France, elle est fixée à 23,56 mm) et correspond à l'écart entre l'œil et la base de la lettre.

Micro mémento Mise en page et Typographie

Largeur

C'est-à-dire sa chasse. Nous en reparlerons dans le détail, mais nous devons dire dès maintenant, qu'elle est variable d'un caractère à un autre. L'éternel exemple, mais aussi le plus flagrant est que la chasse d'un "i" et celle d'un "m" n'ont pas le même encombrement. Cette chasse varie selon la famille de caractère. Par exemple, un texte de 500 000 signes en "Times" pourra être un livre de 200 pages, alors que le même texte composé en "Gothique" a toute chance de produire 240 pages.

Corps

C'est-à-dire sa taille. Là encore, nous allons y revenir, mais à corps égal certains caractères paraissent plus gros que d'autres. (Qui est gros ?). Le dernier paramètre s'appelle le crénage que l'on rencontre lorsqu'une lettre est en italique accentuée. L'œil déborde du caratère. C'est l'élément imprimant qui reçoit l'encre, les talus sont les espaces situés au-dessus et au-dessous de cet œil. Ils servent à ce qu'un "p"ne rencontre pas un "t" à la ligne suivante, oui, comment allez-vous ? Nous nous arrêterons là pour les descriptions rapides. Voyons cependant les empreintes des différents caractères du schéma.

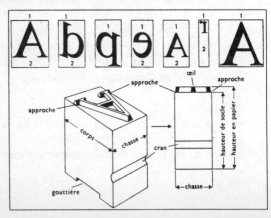

❏ Cap et bas de casse

Depuis le début de cet ouvrage, nous utilisons les termes typographiques de Cap pour capitales (majuscules), Bdc pour bas de casse (minuscules) et petite Cap pour petites capitales.
Et savez-vous pourquoi ?

Les caractères étaient rangés soigneusement dans une grande "caisse" devenue "casse". Cependant, ceux-ci ne sont pas classés par ordre alphabétique car certains caractères sont plus utilisés que d'autres. Tout cela varie évidemment avec le pays dans lequel vous vous trouvez.

Vous découvrez ci-dessous la l'emplacement des "e" beaucoup plus grande que les autres.

Remarquez, si vous jouez au scrabble, utilisez les casses polonaises, elles possèdent des Z, des Y, des W et des K en pagaille... les voyelles sont en option.

A	B	C	D	E	F	G	.	!	=	.	,	.	§	⅛	ù
H	I	K	L	M	N	O	É	È	Ê	Æ	Œ	W	Ç		
P	Q	R	S	T	V	X	ñ	â	ê	î	ô	û	!		
»	(	U	J	)	Y	Z	ff	ä	ë	ù	ffi	w	?		
&	ç	é		-	'		1	2	3	4	5	6	7	8	
—	b	e	d			•	s	Espaces moyennes		f	g	h	9 ∞	0 ∞	
Gr. pts.															
z y	l	m	n		i		o	p	q	; Esp. fines	m ñ	k :	demi cadr. cadr.		
x	v	u	t	Espaces fortes			a		r	.	,	Cadrats			

L'ancien nom des Capitales était "Haut de casse" car rangées en haut et les minuscules placées en bas, plus abordables, d'où ce nom de "Bas de casse". Sur la droite sont répertoriées les espaces, les chiffres les signes de ponctuation etc...

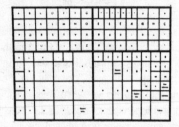

Mais tout n'est pas venu aussi vite que cela peut le laisser paraître. Ci-dessous, le passage d'une capitale à une bas de casse sur le "G".

Avant de poursuivre notre étude sur les caractères, voici un échantillon de variations typographiques sur un type de caractères avec un grand nombre de déclinaisons.

Texte

ROMAIN CAPITALES	romain bas de casse
ITALIQUE CAPITALES	*italique bas de casse*
PETITES CAPITALES CORPS 18	(ŒIL ÉGAL AUX MOYENNES : a e i)
INITIALES CORPS 18	(LETTRES PLEINES)
MAIGRE CAPITALES	maigre bas de casse
DEMI-GRAS CAPITALES	**demi-gras bas de casse**
GRAS CAPITALES	**gras bas de casse**
GRAS ÉTROIT CAPITALES	**gras étroit bas de casse**
LARGE CAPITALES	**large bas de casse**
CORPS 12 : PETIT ŒIL, ŒIL MOYEN, GROS ŒIL	
Chiffres capitales :	1 2 3 4 5 6 7 8 9 0
Chiffres bas de casse :	1 2 3 4 5 6 7 8 9 0

❑ Classification selon Thibaudeau et Vox

Francis THIBAUDEAU
Typographe parisien (1860-1925), classe les caractères en quatre grandes familles en fonction de leur empattement.

Empattement triangulaire	**ELZEVIRS**
Empattement filiforme	**DIDOTS**
Empattement rectangulaire	**EGYPTIENNES**
Caractères sans empattement	**ANTIQUES**

Les caractères non-classés dans l'une de ces quatre familles se retrouvent dans une famille dite *Fantaisie*.

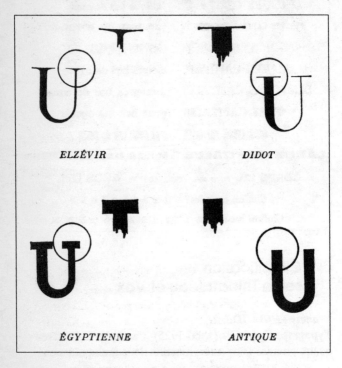

Dans chaque famille, on trouve, pour les plus connus :

Dans les Elzévirs	: Garamont, Times, Baskerville...
Dans les Didots	: Bodoni...
Dans les Egyptiennes	: Rockwell, Menphis....
Dans les Antiques	: Helvetica, Univers....

AEED

Remarque
Les polices de caractères proposées en standard par les logiciels de mise en page ne comprennent malheureusement pas les quelques polices précisées. Tout au plus trouvons-nous une approche des polices du Times, de l'Helvetica par exemple, mais qui ne sont pas conformes à l'appellation d'origine.

La famille Fantaisie peut donner un texte comme celui-ci, c'est-à-dire inclmassable :

> Henry par la Grace de Dieu, Roy
> de France et de Polougne, Comte de Pro-
> vence, Forcalquier, et Terres adiacentes,
> au Senechal de Provence, vu son Lieute-
> nant au siege de Marseille, salut. Nr cher
> et bien aimé Honoré Camban, habitant de la-
> dite Ville, nous a fait dire et remonstrer, que
> des long temps Ils est exercé à enseigner les
> premieres Lettres. En quoy Il a ren-
> du tel soin et Diligence, quils en est demeuré
> Sy extreme contentement à tous ceux à qui il
> les a apprise: ayant pour la commodité des

D'autre part, il semblait intéressant de visualiser d'autres types d'empattement qui ne sont plus employés aujourd'hui.

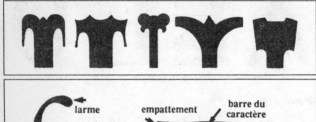

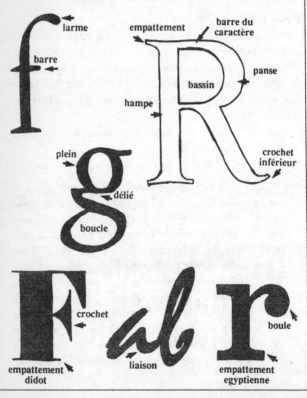

Avant de comprendre la classification de Vox, proposons-nous de voir des polices de caractères les plus usitées.

Gillies Gothic

Park Avenue

Post-Antiqua

Pracht-Antiqua

Vivaldi

Times

Times

ITC Caslon

Baskerville

Baskerville

Micro mémento Mise en page et Typographie

Brush Script

Freestyle Script

Commercial Script

Palace Script

Murray Hill

Beton

Beton

Egyptienne

Centaur

Bodoni

Bodoni

Texte

Caxton
Caxton
CAROLUS
Optima
Optima

Akzidenz
Futura Book
Futura Bold
Helvetica
Helvetica

Micro mémento Mise en page et Typographie

Palatino Italic
Palatino
Garamond
Garamont
Garamont

Texte

Maximilien VOX (1894-1974)

Personnalité pleine d'humour et pluridisciplinaire (arts graphique graveur sur bois, illustrateur, journaliste, éditeur, écrivain...), mais avant tout typographe hors pair, propose vers 1950 une nouvelle classification des caractères en fonction de la connaissance de l'histoire de la lettre et dénombre neuf familles.

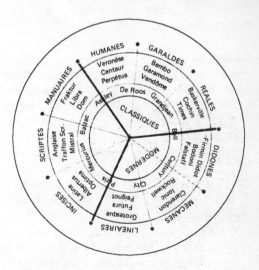

- *Manuaires*
  Lettres non liées entre elles, ressemblant à une écriture à la main et sans empattement.

- *Humanes*
  Lettres rescapées de la renaissance italienne, grasses et trapues, à empattement triangulaire.

- *Garaldes*
  Légères et galbées, elles prennent leur origine en Italie. La plus jolie des Garaldes est le Garamond.

- *Réales*
  Lettres de transition des XVIIe et XVIIIe siècles avec des parties très noires et des déliés très fins. Elles ont un empattement triangulaire et le modèle le plus fini de la Réale est le Times.

- *Didones*
  Tracé strict et triste, partagé entre des pleins forts et des déliés fragiles et filiformes. Très utilisée au XVIIIe siècle la mode en fut lancée par Didot lui-même.

- *Mécanes*
  Ce dessin de caractère est massif, charpenté et possède de plus un empattement rectangulaire qui ne l'arrange pas en finesse. Ce fut la mode au XIXe siècle.

- *Linéales*
  Comme son nom l'indique, ces lettres sont d'une simplicité germanique (même si cela est contradictoire avec la merveilleuse Fraktur Gothique). En effet, ce sont les Suisses et les Allemands qui ont mis à la mode cette linéale sans empattement entre 1900 et 1925.

- *Incises*
  Les lettres à la hampe étroite et féminine, incisée aux extrémités. C'est le genre de lettre que l'on voit encore sur les monuments grecs ou dans Astérix. Un léger empattement triangulaire se laisse deviner.

- *Scriptes*
  Modèle d'écriture connue sous le nom d'Anglaise. La belle et difficile lettre à écrire de façon identique... Ces lettres sont liées.

Cependant deux documents laissent supposer que cette classification complexe, nous apportent deux autres familles.

Micro mémento Mise en page et Typographie

médièves
Humanes
Garaldes
Réales
Didones
Mécanes
Simplices
Incises
manuaires
Scriptes

Groupe I Humanes	A a B b C c D d G g M m N n
Groupe II Garaldes	A a B b C c D d G g M m N n
Groupe III Réales	A a B b C c D d G g M m N n
Groupe IV Didones	A a B b C c D d G g M m N n
Groupe V Mécanes	A a B b C c D d G g M m N n
Groupe VI Linéales	A a B b B c D d G g M m N n
Groupe VII Incises	A a B b C c D d G g M m N n
Groupe VIII Scriptes	*A a B b C c D d G g M m N n*
Groupe IX Manuaires	A a B b C c D d G g M m N n
Groupe X Fractures	𝔄a𝔅b𝔈c𝔇d 𝔊g𝔐m𝔑n
Groupe XI Formes non latines	کو 'سونوٹائپ' سشینوں کی

Ces nouveaux libellés de familles "Médièves" et "Simpliste" puis ci-dessus : "Fractures" et "Formes non latines" perturbent considérablement la classification basée sur l'histoire de chacun des caractères.

Or, si le "partage" de Thibaudeau peut paraître trop simple, celui de Vox suppose qu'à l'intérieur de ses familles, il affine à nouveau, ce qui nous ferait 9 fois 9 familles... etc.

❑ Compatibilité des caractères

En typographie comme en informatique, il y a toujours des compatibilités et des incompatibilités. C'est d'autant plus vrai dans les mariages de caractères typographiques.

Remarque très importante
Effectivement, on ne mélange pas dans une même publication n'importe quel caractère avec un autre pour des raisons évidentes d'esthétique.

Les Antiques peuvent se marier autant avec les Elzévirs, qu'avec les Didones, qu'avec les Egyptiennes.
Les Egyptiennes ne se marient pas (sauf pour l'Antique) et encore moins avec une police de caractères de la famille des Egyptiennes. Les Elzévirs connaissent le même sort (excepté pour l'Antique). Enfin les Didots n'échappent pas non plus à la règle, sauf pour l'Antique.
En ce qui concerne la classification de Vox, les choses sont réellement complexes et nous ne nous étendrons pas dans cet ouvrage.

Concentrons-nous par contre sur neuf points intéressants de la typographie, à savoir :

- Les idées forces que dégagent chaque type de caractères ;
- L'utilisation des caractères sur des textes courts ;
- Les jeux de chasse sur l'Univers (Antique - Linéale)
- Les spécimens de caractères tels qu'on les trouve dans les catalogues d'imprimerie ;
- Les déclinaisons graphiques sur l'Helvetica (Antique - Linéale) ;

- Le sens de lecture en boustrophédon (de gauche à droite pour la première ligne et de droite à gauche à la ligne suivante) ;
- Les détails d'une Fractur ;
- Les déclinaisons d'œil et de chasse en même temps ;
- Et surtout, savoir comment créer un type de message avec le caractère adapté. Cette partie sera reprise et détaillée en chapitre 5. Cependant, rien n'est laissé au hasard lorsqu'il s'agit de communiquer l'émotion d'un mot sur l'émotion d'une musique graphique.

"Rien n'oblige à reprendre les lois typo qu'on nous donne en modèle..."

Demandez à un musicien de vous composer du rock'n roll avec un Piano à queue...

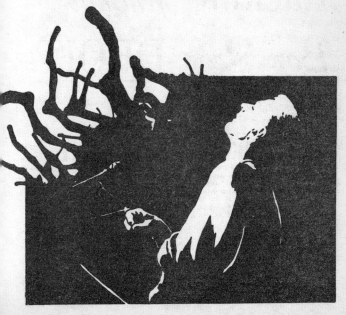

Micro mémento Mise en page et Typographie

- Idées forces

FORCE   AUTORITÉ

Noblesse   GRACE

CHOC   **SOLIDITÉ**

Lucidité   *féminité*

Bon Sens   DROIT

- Uutilisation des caractères

ROLE DU CARACTÈRE

En dernière analyse toute la forme doit découler du caractère. Celui-ci ne doit pas être créé par la pure fantaisie. Sa figure, ses pleins et ses déliés doivent dépendre de sa grosseur. Je me permets de penser que c'est une erreur que de reproduire les mêmes figures à des échelles différentes.

UNE «MACHINE A LIRE»

Un beau livre est sur toute chose une parfaite machine à lire. dont les conditions sont définissables assez exactement par les lois et les méthodes de l'optique physiologique; et il est en même temps un objet d'art, une chose, mais qui a sa personnalité, qui porte les marques d'une pensée particulière, qui suggère la noble intention d'une ordonnance heureuse et volontaire.

Texte

TEXTE VU ET TEXTE LU

Le texte vu, le texte lu sont choses toutes distinctes puisque l'attention donnée à l'un exclut l'attention donnée à l'autre. Il y a de très beaux livres qui n'engagent pas à la lecture, belles masses de noir très pur sur champ très pur; mais cette plénitude et cette puissance de contraste obtenues aux dépens des interlignes, ne sont pas sans peser sur le lecteur. Il existe, en revanche, des livres très lisibles, bien ajourés, mais qui sont faits sans grâce, insipides à l'œil, ou même franchement laids.

A cause de cette indépendance dans les qualités que peut posséder un livre, il est permis à l'imprimerie d'être un art.

FONCTION DU LIVRE :

Un livre est matériellement parfait quand il est doux à lire, délicieux à considérer; quand enfin le passage de la lecture à la contemplation, et le passage réciproque de la contemplation à la lecture sont très aisés et correspondent à des changements insensibles de l'accommodation visuelle.

Définition de la lisibilité

La lisibilité est la qualité d'un texte qui en prévoit et en facilite la consommation, la destruction par l'esprit, la transsubstantiation en événements de l'esprit.

- Jeux de chasse

u *u* *u*
u u *u u* *u u*
u u *u* *u u*
u u u
u

Micro mémento Mise en page et Typographie

- **Spécimens de caractères**

UNIVERS 45 maigre   685

La vie dans les mers dépasse l'imagination par son abondance, sa variété, son ancienneté, son étrangeté, sa beauté et compensation bien conforme aux lois de la nature, par son aveugle férocité. L'échelonnement des habitants de l'océan va des trillions de trillions de créatures microscopiques pullulant dans les eaux bleu-vert superficielles jusqu'aux rorquals bleus de l'Antarctique, mesurant de 25 à 30 m de long et pesant 150 tonnes, c'est-à-dire plus de trois fois le poids du plus lourd dinosaure qui ait jamais vécu. On y trouve les plus gracieuses formes vivantes que la nature ait ciselées, merveilleux poissons tout argent ou aux couleurs éclatantes, aux formes étranges, animaux qui n'atteignent à la manière des fleurs et gardent racine au fond de la mer, coraux vermeils s'étageant en véritables forteresses le long des côtes
LA VIE DANS LES MERS DEPASSE L'IMAGINATION PAR SON ABONDANCE, SA VARIETE, SON ETRANGETE, SA BEAUTE ET COMPENSATION BIEN CONFORME AUX LOIS DE LA NATURE, PAR SON AVEUGLE FEROCITE. L'ECHELONNEMENT DES HABITANTS DE L'OCEAN VA DES TRILLIONS DE TRILLIONS DE CREATURES MICROSCOPIQUES PULLULANT DANS LES EAUX BLEU-VERT SUPERFICIELLES JUSQU'AUX RORQUALS
ABCDEFGHIJKLMNOPQRSTUVWXYZ ABCDEFGHIJKLMNOPQRSTUV • abcdefghijklmnopqrstuvwxyz abcdefghijklmnopqrstuvwx • 1234567890 1234   **6**

La vie dans les mers dépasse l'imagination par son abondance, sa variété, son ancienneté, son étrangeté, sa beauté et, compensation bien conforme aux lois de la nature, par son aveugle férocité. L'échelonnement des habitants de l'océan va des trillions de trillions de créatures microscopiques pullulant dans les eaux bleu-vert superficielles jusqu'aux rorquals bleus de l'Antarctique, mesurant de 25 à 30 m de long et pesant 150 tonnes, c'est-à-dire plus de trois fois le poids du plus lourd dinosaure qui ait jamais vécu. On y trouve les plus gra
LA VIE DANS LES MERS DEPASSE L'IMAGINATION PAR SON ABONDANCE, SA VARIETE, SON ETRANGETE, SA BEAUTE ET, COMPENSATION BIEN CONFORME AUX LOIS DE LA NATURE LONNEMENT DES HABITANTS DE L'OCEAN VA DES TRILLIONS DE TRILLIONS DE CREATURES MICROSCOPIQUES
ABCDEFGHIJKLMNOPQRSTUVWXYZABCDEFGHIJKLMN • abcdefghijklmnopqrstuvwxyz abcdefghijklmnopq • 1234567890 1   **8**

La vie dans les mers dépasse l'imagination par son abondance, sa variété, son ancienneté, son étrangeté, sa beauté et, compensation bien conforme aux lois de la nature, par son aveugle férocité. L'échelonnement des habitants de l'océan va des trillions de trillions de créatures microscopiques pullulant dans les eaux bleu-vert superficielles jusqu'aux rorquals bleus de l'Antarctique, mesurant de 25 à 30 m de long et pesant 150 tonn es, c'est-à-dire plus de trois fois le poids du plus lourd dinosaure qui ait jamais vécu. On y trouve les plus gra
LA VIE DANS LES MERS DEPASSE L'IMAGINATION PAR SON ABONDANCE, SA VARIETE, SON ANCIEN NETE, SON ETRANGETE, SA BEAUTE ET, COMPENSATION BIEN CONFORME AUX LOIS DE LA NATUR E, PAR SON AVEUGLE FEROCITE, L'ECHELONNEMENT DES HABITANTS DE L'OCEAN VA DES TRILLIONS
ABCDEFGHIJKLMNOPQRSTUVWXYZ ABCDEFG • abcdefghijklmnopqrstuvwxyz abcdefghijk • 1234567890   **10 / 9**

La vie dans les mers dépasse l'imagination par son abondance, sa variété, son ancienneté, son étrangeté, sa beauté et, compensation bien conforme aux lois de la nature, par son aveugle féro cité. L'échelonnement des habitants de l'océan va des trillions de trillions de créatures microsco piques pullulant dans les eaux bleu-vert superficielles jusqu'aux rorquals bleus de l'Antarctique.
LA VIE DANS LES MERS DEPASSE L'IMAGINATION PAR SON ABONDANCE, SA VARIETE, SON ANCIENNETE, SON ETRANGETE, SA BEAUTE ET COMPENSATION BIEN CONFORME
ABCDEFGHIJKLMNOPQRSTUVWXYZABC • abcdefghijklmnopqrstuvwxyz abcde • 1234567 9   **12 / 10**

La vie dans les mers dépasse l'imagination par son abondance, sa variété, son a ncienneté, son étrangeté, sa beauté et, compensation bien conforme aux lois de la nature, par son aveugle férocité. L'échelonnement des habitants de l'océan va des trillions de trillions de créatures microscopiques pullulant dans les eaux ble
LA VIE DANS LES MERS DEPASSE L'IMAGINATION PAR SON ABONDANCE, SA VARIETE, SON ANCIENNETE, SON ETRANGETE, SA BEAUTE ET, COMPEN
ABCDEFGHIJKLMNOPQRSTUVWXY • abcdefghijklmnopqrstuvwxyz.a • 123456 9   **14 / 12**

La vie dans les mers dépasse l'imagination par son abondance, sa variété , son ancienneté, son étrangeté, sa beauté et, compensation bien conform e aux lois de la nature, par son aveugle férocité. L'échelonnement des hab itants de l'océan va des trillions de trillions de créatures microscopiques p
LA VIE DANS LES MERS DEPASSE L'IMAGINATION PAR SON ABONDAN CE, SA VARIETE, SON ANCIENNETE, SON ETRANGETE, SA BEAUTE ET, C
ABCDEFGHIJKLMNOPQRSTUV M • abcdefghijklmnopqrstuvwn • 123456   **16 / 14**

102

Texte

GARAMOND *italique*   156

La vie dans les mers dépasse l'imagination par son abondance, sa variété, son ancienneté, son étrangeté, sa beauté et, compensation bien conforme aux lois de la nature, par son aveugle férocité. L'échelonnement des habitants de l'océan va des trillions de trillions de créatures microscopiques pullulant dans les eaux bleu-vert superficielles jusqu'aux rorquals bleus de l'Antarctique, mesurant de 25 à 30 m de long et pesant 150 tonnes, c'est-à-dire plus de trois fois le poids du plus lourd dinosaure qui ait jamais vécu. On y trouve les plus gracieuses formes vivantes que la nature ait créées, merveilleux poissons tout argent ou azur vifs. On y trouve aussi des êtres monstrueux 5 m de long, à l'aspect sinistre, animaux qui s'épanouissent à la manière des fleurs et gardent racine au fond de la mer, cétacés terrestres s'étageant en terrasses fantômatiques le long des côtes tropicales. On y trouve aussi des êtres mesurant 5 m de long, à
LA VIE DANS LES MERS DEPASSE L'IMAGINATION PAR SON ABONDANCE, SA VARIETE, SON ANCIENNETE, SON ETRANGETE, SA BEAUTE ET, COMPENSATION BIEN CONFORME AUX LOIS DE LA NATURE, PAR SON AVEUGLE FEROCITE. L'ECHELONNEMENT DES HABITANTS DE L'OCEAN VA DES TRILLIONS DE TRILLIONS DE CREATURES MICROSCOPIQUES PULLULANT DANS LES EAUX BLEU-VERT SUPERFICIELLES JUSQU'AUX RORQUA
ABCDEFGHIJKLMNOPQRSTUVWXYZ ABCDEFGHIJKLMNOPQRSTUVWXY ● *abcdefghijklmnopqrstuvwxyzabcdefghijklmnopqrstuvwxyz abcdefghijklmnopqr* ● *1234567890123456*

La vie dans les mers dépasse l'imagination par son abondance, sa variété, son ancienneté, son étrangeté, sa beauté et, compensation bien conforme aux lois de la nature, par son aveugle férocité. L'échelonnement des habitants de l'océan va des trillions de trillions de créatures microscopiques pullulant dans les eaux bleu-vert superficielles jusqu'aux rorquals bleus de l'Antarctique, mesurant de 25 à 30 m de long et pesant 150 tonnes, c'est-à-dire plus de trois fois le poids du plus lourd dinosaure qui ait jamais vécu. On y trouve les plus gracieuses formes vivantes que la nature ait créées, merveilleux poissons tout argent ou azur sinistres électriques, animaux qui s'épanouissent à la manière des fleurs et gardent racine au fond de la mer, cétacés terrestres s'étageant en terrasses fantômatiques le long des côtes tropicales. On y trouve aussi des êtres mesurant 5 m de long, à
LA VIE DANS LES MERS DEPASSE L'IMAGINATION PAR SON ABONDANCE, SA VARIETE, SON ANCIENNETE, SON ETRANGETE, SA BEAUTE ET, COMPENSATION BIEN CONFORME AUX LOIS DE LA NATURE, PAR SON AVEUGLE FEROCITE. L'ECHELONNEMENT DES HABITANTS DE L'OCEAN VA DES TRILLIONS DE TRILLIONS DE CREATURES MICROSCOPIQUES PULLULANT
ABCDEFGHIJKLMNOPQRSTUVWXYZ ABCDEFGHIJKLMNOPQR ● *abcdefghijklmnopqrstuvwxyzabcdefghijklmnopqrstuvwxyz* ● *1234567890 1234*

La vie dans les mers dépasse l'imagination par son abondance, sa variété, son ancienneté, son étrangeté, sa beauté et, compensation bien conforme aux lois de la nature, par son aveugle férocité. L'échelonnement des habitants de l'océan va des trillions de trillions de créatures microscopiques pullulant dans les eaux bleu-vert superficielles jusqu'aux rorquals bleus de l'Antarctique, mesurant de 25 à 30 m de long et pesant 150 tonnes, c'est-à-dire plus de trois fois le poids du plus lourd dinosaure qui ait jamais vécu. On y trouve les plus gracieuses formes vivantes que la nature ait créées, merveilleux poissons tout argent ou
LA VIE DANS LES MERS DEPASSE L'IMAGINATION PAR SON ABONDANCE, SA VARIETE, SON ANCIENNETE, SON ETRANGETE, SA BEAUTE ET, COMPENSATION BIEN CONFORME AUX LOIS DE LA NATURE, PAR SON AVEUG
ABCDEFGHIJKLMNOPQRSTUVWXYZ ABCDEFGHIJKLM ● *abcdefghijklmnopqrstuvwxyz abcdefghijklmnop* ● *1234567890123*

La vie dans les mers dépasse l'imagination par son abondance, sa variété, son ancienneté, son étrangeté, sa beauté et, compensation bien conforme aux lois de la nature, par son aveugle férocité. L'échelonnement des habitants de l'océan va des trillions de trillions de créatures microscopiques pullulant dans les eaux bleu-vert superficielles jusqu'aux rorquals bleus de l'Antarctique, mesurant de 25 à 30 m de long et pesant 150 tonnes, c'est-à-dire plus de trois fois le poids du plus lourd dinosaure qui
LA VIE DANS LES MERS DEPASSE L'IMAGINATION PAR SON ABONDANCE, SA VARIETE, SON ANCIENNETE, SON ETRANGETE, SA BEAUTE ET, COMPENSATION BIEN CONFORME
ABCDEFGHIJKLMNOPQRSTUVWXYZ ABCDEF ● *abcdefghijklmnopqrstuvwxyz abcdefghijklmno* ● *1234567890*

La vie dans les mers dépasse l'imagination par son abondance, sa variété, son ancienneté, son étrang eté, sa beauté et, compensation bien conforme aux lois de la nature, par son aveugle férocité. L'éche lonnement des habitants de l'océan va des trillions de trillions de créatures microscopiques pullulant dans les eaux bleu-vert superficielles jusqu'aux rorquals bleus de l'Antarctique, mesurant de 25 à 3
LA VIE DANS LES MERS DEPASSE L'IMAGINATION PAR SON ABONDA
NCE, SA VARIETE, SON ANCIENNETE, SON ETRANGETE, SA BEAUTE E
ABCDEFGHIJKLMNOPQRSTUVWXA ● *abcdefghijklmnopqrstuvwxyzabcdefghi* ● *1234567 9*

La vie dans les mers dépasse l'imagination par son abondance, sa variété, son ancienneté, son étrang eté, sa beauté et, compensation bien conforme aux lois de la nature, par son aveugle férocité. L'éche lonnement des habitants de l'océan va des trillions de trillions de créatures microscopiques pullulant dans les eaux bleu-vert superficielles jusqu'aux rorquals bleus de l'Antarctique, mesurant de 25 à 3
LA VIE DANS LES MERS DEPASSE L'IMAGINATION PAR SON ABOND
ANCE, SA VARIETE, SON ANCIENNETE, SON ETRANGETE, SA BEAU
ABCDEFGHIJKLMNOPQRSTUVW I ● *abcdefghijklmnopqrstuvwxyz abcdefg* ● *123456789*

ciceros   4 5 6 7 8 9 10 11 12 13 14 15 16 17 18 19 20 21 22 23 24 25 26 27 28 29 30 31 32 33 34 35 36 37 38

- Déclinaisons graphiques

- Sens de lecture en boustrophédon

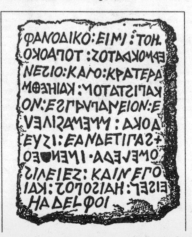

Texte

- Détails d'une Fractur

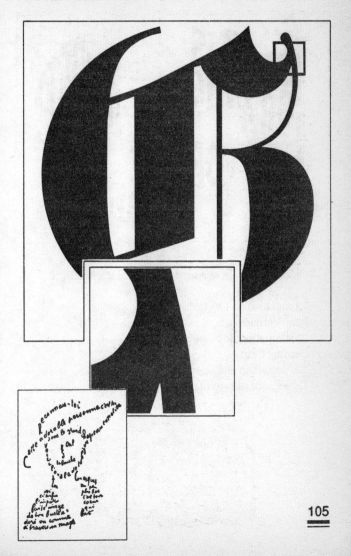

- Déclinaisons d'œil et chasse

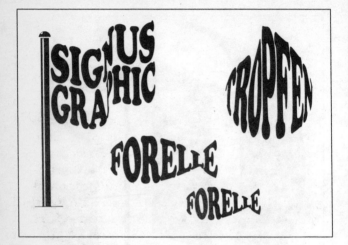

- Créer un type de message avec le caractère adapté :

La machine de Cugnot
Paul Verlaine
Proclamation de Napoléon
Cassius Clay
Le Versailles de la parfumerie
Le verre dans l'architecture

LA MACHINE DE CUGNOT

Cugnot (Joseph), ingénieur français (1725-1804) réalisa la première automobile à vapeur. Grâce à ses deux inventions : transmission et distribution. Les pistons (de 4 lignes d'épaisseur) étaient poussés à tour de rôle vers le bas par la vapeur arrivant dans le cylindre (en bronze, de 14 pouces de long et 12 pouces de diamètre) par son extrémité supérieure. Ces tiges des pistons passaient de chaque côté de la roue et se terminaient chacune par un étrier auquel était fixée l'extrémité d'une courte chaîne qui assurait la liaison du piston au secteur d'une roue à rochets. Cette pièce suivait le mouvement du piston et entraînait la roue motrice du véhicule, un temps sur deux, par l'intermédiai-

PAUL VERLAINE

Paris, le 5 janvier 1892.
Mon cher Vielé-Griffin,
Je prends seulement connaissance, vivant en loup comme vous savez de l'article signé D... sur Arthur Rimbaud, de qui la mort a depuis été malheureusement confirmée.

Or, dans cet article, tout de notes curieuses, il y a une phrase sur «ma violence et ma méchanceté réelle», dont le lecteur qui me connaîtrait un peu serait en droit d'être assez surpris si ledit article n'était extrait d'une lettre de M. D..., l'un de mes plus anciens et de mes meilleurs amis, à moi, qui lui avais demandé quelques renseignements postérieurs à ma dernière entrevue avec Rimbaud, c'est-à-dire en février 1875, en vue d'un travail biographique sur ce dernier. Le ton plaisant de ces notes, écrites voilà plusieurs années, ne laisse d'ailleurs aucun doute sur leur provenance

PROCLAMATION DE NAPOLEON

Soldats !
La guerre de la troisième coalition est commencée. L'armée autrichienne a passé l'Inn, violé les traités, attaqué et chassé de sa capitale notre allié. Vous-mêmes vous avez dû accourir à marches forcées à la défense de nos frontières. Mais déjà vous avez passé le Rhin. Nous ne nous arrêterons plus que nous n'ayons assuré l'indépendance du Corps germanique, secouru nos alliés et confondu l'orgueil des injustes agresseurs. Nous ne ferons plus de paix sans garantie. Notre générosité ne trompera plus notre politique.

Soldats, votre empereur est au milieu de vous ; vous n'êtes que l'avant-garde du grand peuple. S'il est nécessaire, il se lèvera tout entier à ma voix pour confondre et dissoudre cette nou-

CASSIUS CLAY

— Je m'en vais leur dire que t'as dit que tu m'enverrais au tapis si j'osais venir dans ta salle. Ils me connaissent. On ne me défie pas. Je leur dirai à tous que je vais aller à ta salle à 4 heures pour monter sur le ring et te régler ton compte. Je veux que les gens viennent et voient de leurs yeux comment je te massacrerais si jamais nous avions un vrai combat, d'accord ?
— Si tu le présentes comme ça, personne ne te croira. Surtout pas moi.
— Ça fait rien, Joe. Ils se figurent qu'on est deux pauvres nègres, idiots et cinglés, qui se détestent assez pour faire n'importe quoi. Ils pensent qu'on s'entend pas. Le monde entier veut que nous nous battions. Je reçois du courrier de partout. Ils veulent savoir qui est le meilleur, toi ou moi. Ma carrière est finie. Y en a pas un qui puisse

LE VERSAILLES DE LA PARFUMERIE

Le service de la beauté féminine a longtemps été considéré comme un privilège français. Et sans doute le restera-t-il, aussi longtemps qu'il se trouvera à Paris des hommes pour consacrer le meilleur d'eux-mêmes à cultiver la plus naturelle des beautés, celle des femmes — et des femmes qui, plus qu'ailleurs peut-être, s'entendent naturellement à civiliser les hommes. A une condition pourtant : c'est que les créateurs parisiens, loin de prétendre imposer leurs normes et leurs goûts, qui finiraient par devenir provinciaux, s'appliquent à écouter les appels à plus de beauté sur la planète entière. L'art mystérieux de la Parfumerie, les techniques raffinées du maquillage, la science cosmétologique en plein essor ne peuvent plus être l'apanage d'une minorité de privilégiées. Leurs conquêtes reviennent de droit à toutes les femmes de la terre, quels que

LE VERRE DANS L'ARCHITECTURE

Les progrès de l'industrie du verre, l'adoption d'ossatures toujours plus légères et ayant une plus grande portée, la tendance enfin à créer un continuum spatial entre intérieur et extérieur ont conduit à réaliser des façades entièrement transparentes avec châssis quasiment inapparent (Mies van der Rohe : villa Tugendhat à Brno, 1930 ; Asplund : pavillon à l'Exposition de Stockholm, 1930 ; Neutra : maison Kaufmann, 1946-1947 ; Aalto : Ecole Normale de Jyvaskyla, 1957). A vrai dire, ce processus avait été amorcé dès la fin du siècle dernier avec les Grands Magasins où des conditions particulières de luminosité étaient requises. On pourra mentionner également, comme une recherche de continuité spatiale, le simple «pan de verre» que Labrouste avait disposé à la Bibliothèque Nationale (1862-1868), pour séparer la Salle de lecture des Réserves principales.

Le répertoire expressif de l'architecture contemporaine s'est encore enrichi par l'usage inhabituel, parfois audacieux et plein de fantaisie, de matériaux nouveaux créés par l'industrie du verre : dalles de forte épaisseur pour marches d'escaliers avec éclairage zénithal (Turnock : appartements Brewster à Chicago, vers 1890 ;

3 Image

Illustrer

❏ En sur-impression

Une autre technique de communication consiste à attirer le lecteur avec l'image ; l'emporter sur l'écrit, quel qu'il soit.

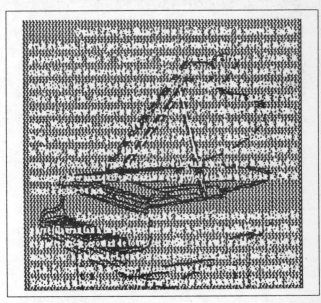

Les deux éléments se gênent mutuellement et s'entrechoquent volontairement. Attention à bien employer les contrastes sinon votre double message tombe à l'eau, comme c'est le cas à la page d'avant.

❑ Emplacement des illustrations

Des Egyptiens aux utilisateurs de micro-édition, la typographie, la mise en page et la communication ont évolué à des rythmes différents.

Les illustrations enrichissent les textes, mais ne le sauvent pas en cas de mauvaise maquette, au contraire... Où les placer pour qu'elles soient mieux vues du lecteur ?

Image

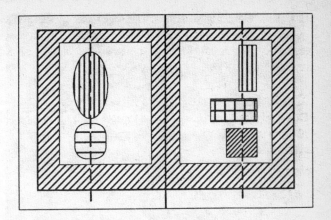

Remarque

En ce domaine les avis divergent évidemment, mais se rejoignent au moins sur deux points :
Une illustration sur une page de droite devrait se situer sur la tangente relative au fer droit. C'est-à-dire que, pour l'image qui a un certain poids graphique, il est d'usage qu'elle tende vers son fer. Il en va de même pour les illustrations en pages de gauche qui se calent sur le fer lui-même ou sur sa tangente.
Il est également possible de les centrer. Pour cela, il est souhaitable de les recadrer en milieu de page.

❏ Figures habillées

Pour tout habillage, les règles demeurent les mêmes. Il est convenable cependant d'habiller une illustration en centrage. Ce procédé est très utilisé pour les livres d'art et/ou pour toutes les mises en page qui demandent ou supportent un peu plus de fantaisie. Cela leur procure une certaine classe.

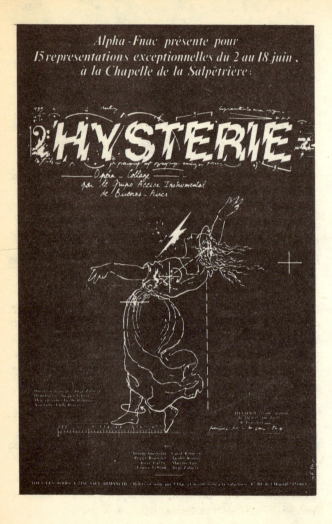

❑ Définir une illustration

Une illustration est déterminée par un ensemble de points et peut avoir plusieurs formes graphiques :

- Soit un graphisme au trait,
- Soit une similigravure (avec des trames),
- Soit une lettrine,
- Soit une photo à traiter en noir ou en quadrichromie.

Pour une meilleure mise en valeur, l'illustration se travaille, tout comme le texte, mais avec des procédés différents.

❑ Images construites
Lettrines - Figures composites

Réduire, agrandir avec homothétie
L'homothétie est un rapport géométrique qui rend des formats parfaitement cohérents entre eux. L'exemple le plus clair est l'homothétie entre un A4 et un A3.

❑ Habillage d'image
Un habillage est un procédé qui consiste à faire épouser au texte le contour d'une image, d'une lettrine, en effet spécial.

Carré ou régulier
L'habillage carré s'appelle ainsi à cause de ses bords rectilignes et réguliers.

Habillage irrégulier
Pour réaliser un habillage irrégulier :

Micro mémento Mise en page et Typographie

Ci-dessous, les limites de l'image par rapport au texte.

Image

❑ Bordure

Détermine les valeurs en millimètres pour chacun des côtés. Si vous réduisez ou agrandissez l'image, redimensionne proportionnellement le cadre, mais ne touchez pas aux valeurs rentrées.

Quelques exemples et astuces

Traitement des légendes
Laissez un bord inférieur beaucoup plus grand et collez le bloc texte de la légende.

Traitement des excentrages
Si vous souhaitez excentrer votre image sans avoir de texte sur l'un des bords, modifiez la distance du bord voulu.

Ombres portées

Une petite règle "française" auparavant (les Américains font l'inverse) : l'ombre doit être en haut et à droite.

On a souvent dit que les illustrations en couleurs étaient plus attrayantes. Or, c'est tout simplement faux. Les couleurs mettent en valeur un graphisme mais ne construisent pas.

L'illustration en traditionnel de la page suivante, a été créée, spécialement pour cet ouvrage, par un artiste polonais : RYSZARD KRYSKA.

Il a l'habitude de travailler les couleurs. Le dessin ci-contre est un travail spécifique en noir et blanc. Il n'est pas moins "fort" et pas moins profond qu'une réalisation colorée.

Image

Ryszard Kryska, artiste polonais
né le 25 décembre 1949 à Elblag (Pologne)

Diplômé de l'Académie des Beaux Arts à Varsovie en peinture, (professeur Tchorzewski) et en graphisme (professeur Palka).

Créateur du groupe SAB (studio des recherches artistiques) tant en peinture, en théâtre et en musique.

Participe à différents Festivals :
Festival des Ecoles d'Art (Nowa Ruda),
Festival de Théâtre ouvert à Wroclaw,
Festival de Jeunesse Artistique FAMA à Swinoujscie.

Expositions personnelles dans les galeries MPJK et CBWA,
Expositions au Japon et en Suède.

Se consacre essentiellement aujourd'hui à l'illustration de livres (plus de 50 réalisations dont plusieurs primées dans les concours d'édition).

Suite d'illustrations très originales pour vous donner l'envie peut-être, d'aller au-delà des créations traditionnelles.

- L'imaginaire
- La typo en imagerie
- L'imagerie en typo
- Les logos
- Les chiffres
- La signalétique

- L'imaginaire

AMARCORD

La buvette a Dudu

Micro mémento Mise en page et Typographie

- La typo en imagerie

Image

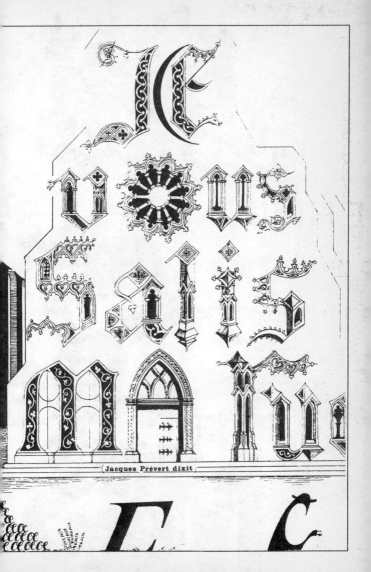

Jacques Prévert dixit

- L'imagerie en typo

Image

- ## Les logos

Sigle : Cedfi,
cinémathèque.
Nicolas Troxler.

Sigle : l'Echoppe,
boutique de design.
Albert Hollenstein

Sigle :
Technifrance.
André Chante

Sigle :
Les 3 Suisses.
Jean-Pierre Gachet

Symbole de couverture.
Collection "Psychologie," CEPL.
Miwako Jinaï

Elément graphique.
Journée d'études, Chrysler.
André Chante

127

Micro mémento Mise en page et Typographie

Sigle :
Halles de Rungis.
André Chante

Marque : Equipement
automobile français.
Jacques Dudilieux

l'obs : Club du
Nouvel Observateur.
Daniel Sinay

Sigle : TS Gardy,
produit industriel.
Daniel Sinay

Sigle : Eurocitel,
réalisateur de films.
André Chante

Sigle :
Vichy Distribution.
Jacques Dudilieux

Image

E G	broadway
S N	grand voyage
C D	brasilia
S K	albert hollenstein
INDIGO	éras
ZEBRE AFRICAIN	albert boton

Micro mémento Mise en page et Typographie

Image

- **Les chiffres**

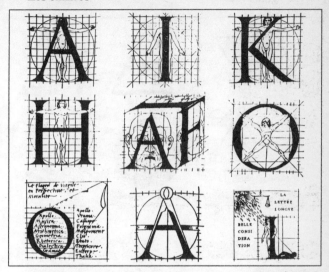

- La signalétique

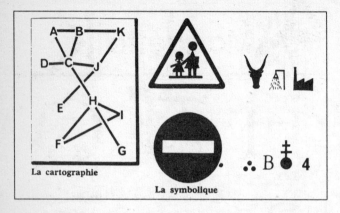

La cartographie

La symbolique

4 Maquette

Introduction

Il semble très important de définir en détail ici tous les tenants et les aboutissants qui tisseront la maquette proprement dite.

Votre page blanche, nous l'avons vu, est conçue entre un «encombrement» de texte, coincé entre quatre marges essentielles (A, B, C et D). Retrouvons notre schéma de base :

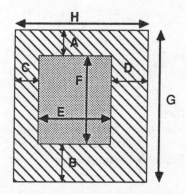

Après avoir calculé les marges, et effectué les trois préparations, voyons les différentes possibilités que vous pourrez utiliser pour créer la charte typographique. Quels sont vos outils typo et que choisir ?

Mise en œuvre

La création d'une charte va vous permettre de lister tous les éléments graphiques et typographiques que vous allez utiliser pour créer et monter votre maquette.
Chaque charte comprend un jeu d'attributs typographiques (corps, police de caractères) et attributs de paragraphe (justification...). Mais attention, il serait faux de croire que la mise en typo et la réalisation de la maquette soit la même opération. Dès lors, vous pourrez chercher dans chacune des rubriques d'attributs, tous les paramètres, à chaque fois dans le même ordre, afin de gagner du temps. Quatre grandes opérations vont être nécessaires à la réalisation de chacune de vos chartes.

- Caractères
- Paragraphe
- Tabulations
- Césures

❑ Caractères

Police de caractères
Dans la longue liste de caractères, il va falloir choisir ceux que vous voulez utiliser. Attention, reportez-vous au chapitre 2 concernant les mariages de familles des caractères.

Maquette

Exemples

Une sorcière comme les autres (C.9 - Helvetica)
Une sorcière comme les autres (C.9 - Palatino)
Une sorcière comme les autres (C.9 - Goudy)
Une sorcière comme les autres (C.9 - Souvenir)

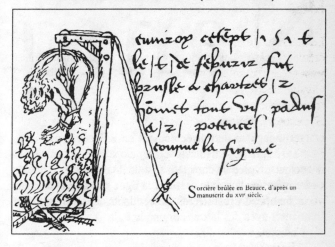

Sorcière brûlée en Beauce, d'après un manuscrit du XVIe siècle.

Corps de caractères

Un corps se définit toujours en points : c'est sa taille.

Exemples

Un joli petit phoque, tout rond, tout joufflu : il s'appellait Naniq (Corps 6)
("Naniq le petit phoque" - conte d'enfant)

tout joufflu : il s'appellait Naniq (Corps 12)

il s'appellait Naniq (Corps 18)

Micro mémento Mise en page et Typographie

Naniq (C 48 puis C 90 ci-dessous)

Naniq

Interlignage

L'interlignage se définit également en points et représente l'espace de pied à pied (de caractère) entre deux lignes de même corps. Le pied de caractère se calcule du bas de la bas de casse au bas de la bas de casse de la ligne suivante et non pas de la hampe des caractères descendants. Les erreurs sont fréquentes avec des lettres comme le P, le Q...

Exemples

(C 8 - interligné 9 points)
Elle me dit son nom, celui qu'elle s'est choisi : "Nadja, parce qu'en russe c'est le commencement du mot espérance et parce que ce n'en est que le commencement." **(A. Breton - Nadja)**

(C 8 - interligné 14 points)

Elle me dit son nom, celui qu'elle s'est choisi : "Nadja, parce qu'en russe

c'est le commencement du mot espérance et parce que ce n'en est que

le commencement."

Maquette

(C 8 - interligné 20 points)

Elle me dit son nom, celui qu'elle s'est choisi : "Nadja, parce qu'en russe

c'est le commencement du mot espérance et parce que ce n'en est que

le commencement."

Chasse des caractères

La chasse d'un caractère représente la largeur d'un caractère. Cependant, on peut modifier la chasse d'un caractère de même corps et de même interlignage en fonction de l'effet que l'on veut représenter. Différentes chasses sont possibles (70 %, 80 %, 90 %, 110 %, 120 % et 130 %). Ceci dit, vous pouvez très bien choisir une autre valeur.

Exemples

Corps 8 : chasse : 50 % - 70 % - 120 et 200 %

Mais si ça n'vaut pas la peine	Que j'y revienne
Faut m'le dire au fond des yeux	Quel que soit le temps que ça prenne
Quel que soit l'enjeu	Je veux être un homme heureux...

        " Un homme heureux "
        William Sheller

Mais si ça n'vaut pas la peine	Que j'y revienne
Faut m'le dire au fond des yeux	Quel que soit le temps que ça prenne
Quel que soit l'enjeu	Je veux être un homme heureux...

Mais si ça n'vaut pas la peine
Que j'y revienne
Faut m'le dire au fond des yeux

Maquette

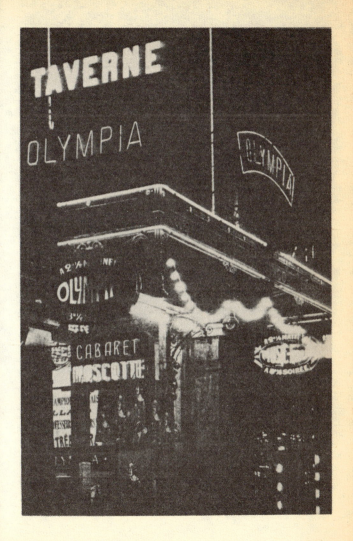

Micro mémento Mise en page et Typographie

Position des lignes

Cela représente la position non pas d'un caractère mais d'une ligne par rapport à la normale. Trois positions peuvent être utilisées : Normale, Exposant, Indice.

Dans l'exemple qui suit, nous allons seulement changer les positions de «Quel est ton nom ?» afin que vous puissiez comparer la valeur réelle.

Exemples

Normal
Toi, je t'ai déjà rencontré !   Je reprends mes esprits et
Je râle : «Quel est ton nom ?» Et pourquoi es-tu en prison ?

«La fuite à l'arraché» Vladimir Vissotsky

Exposant
Toi, je t'ai déjà rencontré !   Je reprends mes esprits et
Je râle : «$^{\text{Quel est ton nom}}$?» Et pourquoi es-tu en prison ?

Indice
Toi, je t'ai déjà rencontré !   Je reprends mes esprits et
Je râle : «$_{\text{Quel est ton nom}}$?» Et pourquoi es-tu en prison ?

Type de lettre

On appelle le type de lettre la forme même des caractères : bas de casse (minuscule) et capitale (majuscule). Trois types de lettres existent : Bas de casse, Capitales, Petites capitales.

Dans notre exemple, vous allez remarquer que les petites capitales ont le dessin de la capitale, mais la hauteur des bas de casse. Notons également que les chiffres sont insensibles à ces changements.

Maquette

Exemples

25 : Super !
25 : SUPER !
25 : SUPER !

Interlettrage

L'interlettrage agit non plus sur le dessin de caractère comme peut le faire le changement de chasse, mais sur les espaces entre les lettres et les mots.

Cinq possibilités générales : Sans, Très large, Large, Normal, Etroit, et Très étroit.

Exemples

T'aimes pas la musique ?......................(Très large)
T'aimes pas la musique ? ....(Large)
T'aimes pas la musique ? ....(Normal)
T'aimes pas la musique ? ....(Étroit)
T'aimes pas la musique? ....(Très étroit)

Couleur

Vous pouvez, pour vos mises en valeur, utiliser des couleurs pleines, tramées, Pantone ou créer une quadrichromie.

Exemples

(Pantone 159 - rouge orangé)
J'avais une ferme en Afrique...

"La ferme Africaine" Karen Blixen

(Pantone 5265 - bleu très foncé)
J'avais une ferme en Afrique...

Style de caractère

Les termes utilisés par chacun d'entre nous pour définir le style d'un caractère ne sont pas toujours conformes à l'appellation typographique, mais voyons ensemble les différentes possibilités au travers d'exemples.

Exemples

(Maigre)	S'il te plaît, Faites-moi un sourire...
(Gras)	**S'il te plaît, Faites-moi un sourire...**
(Italique)	*S'il te plaît, Faites-moi un sourire...*
(Souligné)	<u>S'il te plaît, Faites-moi un sourire...</u>
(Relief)	S'il te plaît, Faites-moi un sourire...

Pour la «réserve blanche», il faut une surface pleine en arrière-plan pour pouvoir l'utiliser.

(Réserve blanche)   S'il te plaît, Faites-moi un sourire...

Maquette

Attention
Il est possible de combiner certains attributs ensemble, mais pas plus de deux à la fois. Pourquoi ? Parce que si vous créez une surenchère, la lisibilité de votre message "s'autodétruira dans les 30 secondes"... Voyons les possibilités en bdc et cap :

- **Les gras en bas de casse**
  Gras-italique
  S'il te plaît, Faites-moi un sourire...
  Gras-souligné
  <u>S'il te plaît, Faites-moi un sourire...</u>
  Gras-relief
  S'il te plaît, Faites-moi un sourire...

  Gras-réserve blanche

  S'il te plaît, Faites-moi un sourire...

- **Les gras en capitales**
  GRAS-ITALIQUE
  S'IL TE PLAIT, FAITES-MOI UN SOURIRE...
  GRAS-SOULIGNÉ
  <u>S'IL TE PLAIT, FAITES-MOI UN SOURIRE...</u>
  GRAS-RELIEF
  S'IL TE PLAIT, FAITES-MOI UN SOURIRE...

  GRAS-RÉSERVE BLANCHE

  S'IL TE PLAIT, FAITES-MOI UN SOURIRE...

- **Les italiques en bas de casse**
  Italique-maigre
  S'il te plaît, Faites-moi un sourire...
  Italique-souligné
  S'il te plaît, Faites-moi un sourire...
  Italique-relief
  S'il te plaît, Faites-moi un sourire...

  Italique-réserve blanche

  S'il te plaît, Faites-moi un sourire...

- **Les italiques en capitales**
  ITALIQUE-MAIGRE
  S'IL TE PLAIT, FAITES-MOI UN SOURIRE...
  ITALIQUE-SOULIGNÉ
  S'IL TE PLAIT, FAITES-MOI UN SOURIRE...
  ITALIQUE-RELIEF
  S'IL TE PLAIT, FAITES-MOI UN SOURIRE...

  ITALIQUE-RÉSERVE BLANCHE

  S'IL TE PLAIT, FAITES-MOI UN SOURIRE...

Paragraphes

La gestion des paragraphes se découpe en quatre phases et définit les renfoncements, les alignements, les blancs à insérer, les sauts de paragraphe, et la gestion des veuves et orphelines.

Maquette

Columna	Fournier le Jeune	Montaigne	Malesherbes
Compacte éclairée	Mercure	Clair de lune	Robur pâle

Puis, nous gèrerons les filets et les surfaces de trames. Nous allons dans tous les cas de figure détailler ces différents choix.

❑ Renfoncements

Le renfoncement se détermine dans trois cas. La composition en alinéa, en sommaire et en texte justifié mais dont le bloc de texte est centré par rapport à la justification.

Alinéa

On appelle une composition dite en alinéa, un texte qui comporte un retrait systématique sur la première ligne de chaque paragraphe.
Cet alinéa peut varier de 0 mm jusqu'à la moitié de la justification. Exceptionnellement, et ce pour des effets graphiques particuliers, vous pourrez pousser le maximum c'est-à-dire au dernier tiers de la justif. Attention toutefois, il vous faudra une solide connaissance des équilibres graphiques.

Exemples

Alinéa : 10

> Quant à moi, je n'ai jamais fait que pousser à l'extrême dans ma vie, ce que vous n'osiez pousser vous-mêmes qu'à moitié. (Fiodor Dostoïevski)

Sommaire

On appelle une composition dite en sommaire, un texte qui déborde systématiquement (sur la première ligne de chaque paragraphe) du gabarit initial. Ce retrait extérieur varie également, mais avec une amplitude beaucoup moindre, car vous ne devrez pas dépasser $1/10^e$ de la justification réelle.

Maquette

Attention, là encore, il vous faudra une solide connaissance des équilibres graphiques, mais pour une autre raison. Pensez bien à vos maquettes ayant des petits fonds et des grands fonds ne pouvant guère supporter des débords excessifs. Gardez à l'esprit que vos lecteurs doivent être dirigés dans leur lecture et non perdus par celle-ci.

Exemples

Sommaire : -10

> Quant à moi, je n'ai jamais fait que pousser à l'extrême dans ma vie, ce que vous n'osiez pousser vous-mêmes qu'à moitié.
> (Fiodor Dostoïevski)

Texte justifié mais bloc centré
Il peut être possible, pour des mises en valeur spéciales, de justifier un bloc de texte, mais de le vouloir centré sur la justification. Vous pourrez également, nous le verrons par la suite, effectuer des centrages relatifs sur la justification. En typographie, un centrage ne signifie pas nécessairement "au milieu".

Exemples

> Quant à moi, je n'ai jamais fait que pousser à l'extrême dans ma vie, ce que vous n'osiez pousser vous-mêmes qu'à moitié.
> (Fiodor Dostoïevski)

❏ Alignement

L'alignement vous donne l'aspect général de votre paragraphe. Cette notion d'alignement est l'une des plus importantes données de typographie. Elle est l'expression graphique du sens de lecture que vous proposez à votre lecteur dans le but de "l'obliger" à agir dans un sens ou un autre.

Exemples

Fer gauche

Dans son rêve, il avait déjà cessé d'être lui-même.
Il n'était nulle part et, pourtant il était partout. Il n'était rien et, pourtant il était tout. Il était en dehors de ce qu'il se passait et, pourtant c'était en lui et avec lui que cela se passait.
(Ragnarök - Villy Sørensen)

Centré

Dans son rêve, il avait déjà cessé d'être lui-même.
Il n'était nulle part et, pourtant il était partout.
Il n'était rien et, pourtant il était tout.
Il était en dehors de ce qu'il se passait et, pourtant c'était en lui et avec lui que cela se passait.

Fer droit

Dans son rêve, il avait déjà cessé d'être lui-même.
Il n'était nulle part et, pourtant il était partout. Il n'était rien et, pourtant il était tout. Il était en dehors de ce qu'il se passait et, pourtant c'était en lui et avec lui que cela se passait.

Justifié

Dans son rêve, il avait déjà cessé d'être lui-même. Il n'était nulle part et, pourtant il était partout. Il n'était rien et, pourtant il était tout. Il était en dehors de ce qu'il se passait et, pourtant c'était en lui et avec lui que cela se passait.

Ligne pleine

Dans son rêve, il avait déjà cessé d'être lui-même. Il n'était nulle part et, pourtant il était partout. Il n'était rien et, pourtant il était tout. Il était en dehors de ce qu'il se passait et, pourtant c'était en lui   et   avec   lui   que   cela   se   passait.

Contrôle veuve
 Ce contrôle s'adresse aux fins de paragraphes qui ne doivent pas comporter une ou deux lignes seules. Vérifiez que le nombre de lignes soit de trois au minimum pour le bas de paragraphe.

Contrôle orpheline
 Ce contrôle s'adresse aux débuts de paragraphes qui ne doivent pas non plus comporter une ou deux lignes seules. Vérifiez que le nombre de lignes soit de trois au minimum pour le haut de paragraphe.

Les filets spéciaux
Longueur
 Deux possibilités vous sont offertes :
- D'après texte (le filet peut se placer sous votre texte).
- D'après colonne (le filet peut se positionner d'un bout à l'autre de la colonne quelle qu'en soit la taille).
 Les quatre choix à effectuer concernent la place des filets par rapport au texte qui les supporte.

Dessus
Choisissez la distance qui vous convient pour déterminer l'espace supérieur entre la typo et le filet du haut.

Dessous
Choisissez la distance qui vous convient pour déterminer l'espace inférieur entre la typo et le filet du bas.

❏ Espacements de paragraphe

Espace inter-mots
 C'est-à-dire la distance entre les mots en fonction du choix des alignements choisis.

Maquette

Espace inter-lettres
C'est-à-dire la distance entre l'extrémité gauche de la lettre à celle de la suivante.

Césures

Attention, en principe, il est interdit d'en avoir plus de deux de suite. Reportez-vous au chapitre 2.

Créer des lettrines

❑ Rôle

Outre son effet d'esthétisme, la lettrine sert à mettre en valeur. Non pas seulement la lettre qui en est la représentante, mais l'ensemble de la publication.

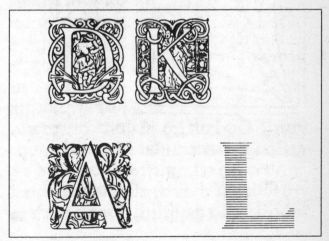

Destinée d'abord à toutes les publications publicitaires de "haut vol" auxquelles on demandait à la lettrine de s'identifier au destinataire, celle-ci est maintenant plus employée dans les quotidiens et l'ensemble de la presse.

C'etait le cas de la plupart des pages de publicité de parfums ou de bijoux de grand nom. C'est encore le cas (pour les mêmes raisons d'ailleurs) des publicités de Champagne et de tous les spiritueux de grande classe.

Maquette

Manuscrit du Xe siècle

environ 1542

environ 1920

Remarque

On retrouve le message graphique au service de l'inconscient. Personne n'achèterait d'objets de grande valeur en voyant une publicité "mal maquettée" sur papier bouffant monochrome ou bi-chromie ou deux couleurs (au mieux des choses) sans aucune ambiance, ni enrichissement graphique spécifique.

La mise en page apporte des choses évidentes, alors qu'il est souvent un ensemble de choix émanant :

- Du bon sens ;
- De l'esthétisme ;
- De travail à partir :
  - de concepts simples
  - de calculs mathématiques
- De conjugaison bizarre :
  - d'intemporel
  - de matériel
  - de goût
  - d'imagination
  - de milimètres... pour ne pas dire de points typos.

❏ Règles d'esthétisme typographique

Une lettrine n'est en valeur que si le texte est justifié. Il est dommage de ferrer un texte comportant une lettrine, car l'équilibre s'en trouverait rompu. Cependant, il faut noter que les publicitaires transgressent ces règles pour des effets spéciaux.

Lettrine 1
Vous avez une lettre (Helvetica C16) qui occasionne deux lignes de texte sur sa droite et le reste est justifié sous elle avec un interligne standard.

Q uand l'Evêque Saint-Vivent décida d'édifier la nouvelle cathédrale de Laon, il ne fut pas seulement écouté de son chapitre. Certes, les moines préparèrent en hâte le "philactère" pour promener à travers la France la colombe d'or et le morceau de la croix, l'éponge de fiel et le suaire, mais l'argent recueilli par les quêtes n'aurait jamais suffi sans l'ingéniosité des artisans consultés à cette fin.

Lettrine 2
Cette seconde lettrine est construite à l'aide d'un Palatino C 48. Nous avons donc utilisé une autre famille de caractères, avec un corps plus important.

A ucune cathédrale ne serait sortie de terre sans le travail acharné des ouvriers carriers, des carroyeurs, des sculpteurs et autres imagiers. Mais encore... sachons qu'à cette date, dans la salle même où le Saint-Evêque convenait des plans nécessaires à l'érection de la Sainte-Eglise vouée à la Vierge, un personnage diabolique prenait sa part d'informations pour le compte de Satan.

Trois lignes couvrent la partie droite de la lettrine et le blanc laissé en dessous de celle-ci est plus important. En principe le blanc devrait être fonction du corps de la lettrine. Dans la pratique, cela occasionnerait un espace un peu trop grand et l'esthétique s'en trouverait touchée.

Le problème typographique est que des lois graphiques et esthétiques s'entrecroisent et ne convergent pas systématiquement dans le même sens. C'est le cas des lettrines, toujours très difficile à formaliser.

Remarque
Aucun livre ne pourra vous fournir de théorie précise, simplement parce que la mise en page, l'esthétisme, l'art graphique en matière de typographie n'ont jamais été arrêtés pour le plus grand bonheur des créatifs. Les seuls points de repères utiles que nous pouvons vous fournir sont ceux que vous lisez actuellement.

Il vous appartiendra toujours d'en retenir ce qui vous conviendra le mieux. Le principal n'est pas que vous adoptiez telle ou telle méthode de travail, mais que vous évitiez par contre ce qu'il ne faut pas faire.

N'oubliez jamais que le créateur... c'est vous...

Lettrine 3
Nous voici en phase trois. Ici, l'italique rend plus majestueuse la lettrine et lui procure une "émotion" ...
Vous êtes maintenant en face de ce blanc immense dont il était question tout à l'heure.

> *L*e prince des ténèbres déléguait ainsi, de par le monde, des messagers infernaux qui l'entretenaient des projets des hommes de bien. Qu'ils soient d'église ou non. En l'occurrence, il s'agissait d'hommes d'église et le petit tailleur de pierre (il aurait fait n'importe quel métier par la grâce du malin) le petit tailleur de pierre, dis-je, écoutait de toutes ses oreilles qu'il avait grandes, le projet de monter sur le plateau de Laon de grosses pierres blanches pour bâtir la cathédrale.

Un autre détail devrait attirer votre regard. La partie de droite ne se bloque pas en tête de lettrine. C'est normal. La tête d'une lettrine doit toujours (dans le meilleur des cas devrions-nous moduler) rester en dehors du texte. Il ne faut pas confondre lettrine et habillage de lettre.

Faut-il laisser plus de blanc à côté ou en dessous ? Dans le cas de la lettrine 3, le rapport est assez curieux. En principe, il faudrait que le blanc situé à droite soit à peu près deux fois égal à celui de dessous.

Lettrine 4

> LORS le soir venu, le messager adressa comme il était convenu ses nouvelles à Belzébuth qui lui ordonna de contrarier l'entreprise du mieux qu'il pouvait. Des pierres manquaient pour l'édifice : on avait creusé tant de galeries sous la ville pour édifier les remparts que la butte de Laon n'était plus qu'un vieux fromage abandonné des souris ; des souterrains allaient se perdre jusqu'à l'horizon et des passages secrets permettaient de traverser la butte de cave en cave, à l'abri de la pluie et du vent.

Maquette

Ce dernier exemple de lettrine se rapproche le plus de la vraie lettrine typographique. Les blancs sont à peu près correctement répartis. De plus, la lettrine se voit conférer une certaine assise et un certain "look". Mais regardez plus attentivement encore et vous découvrirez que le mot amputé de son initiale n'est pas en bas de casse, ni en capitales (ou grandes capitales), mais en petites capitales. C'est ainsi la règle.

Chaque mot placé après la lettrine prend des petites ca-pitales et le reste du texte se compose en bas de casse, sauf lorsque la lettrine est une lettre apostrophe ; dans ce cas, ce sont les deux premiers mots qu'il faut rétablir en petites capitales. Pour la petite histoire, la lettrine possédait, outre son rôle décoratif, le "pouvoir" de l'image, de l'idée, de corporation.

❏ Corps de texte et lisibilité

Voici ci-après un texte complet comportant chaque phrase dans un corps différent, mais le tout sur la même justification. Ceci vous permettra de visualiser la lisibilité des caractères en fonction de la justification que vous avez déterminée.

Le diable et les bœufs
"La colline aux contes" d'André Wasilewski - Laon

Quand l'Evêque Saint-Vivent décida d'édifier la nouvelle cathédrale de Laon, il ne fut pas seulement écouté de son chapitre.

Certes, les moines préparèrent en hâte le "philactère" pour promener à travers la France la colombe d'or et le morceau de la croix, l'éponge de fiel et le suaire, mais l'argent recueilli par les quêtes n'aurait jamais suffi sans l'ingéniosité des artisans consultés à cette fin.

Aucune cathédrale ne serait sortie de terre sans le travail acharné des ouvriers carriers, des carroyeurs, des sculpteurs et autres imagiers.

Mais encore... sachons qu'à cette date, dans la salle même où le Saint-Evêque convenait des plans nécessaires à l'érection de la Sainte-Eglise vouée à la Vierge, un personnage diabolique prenait sa part d'informations pour le compte de Satan.

Le prince des ténèbres déléguait ainsi, de par le monde, des messagers infernaux qui l'entretenaient des projets des hommes de bien.

Qu'ils soient d'église ou non.

En l'occurrence, il s'agissait d'hommes d'église et le petit tailleur de pierre (il aurait fait n'importe quel métier par la grâce du malin) le petit tailleur de pierre, dis-je, écoutait de toutes ses oreilles qu'il avait grandes, le projet de monter sur le plateau de Laon de grosses pierres blanches pour bâtir la cathédrale.

Le soir venu, le messager adressa comme il était convenu ses nouvelles à Belzébuth qui lui ordonna de contrarier l'entreprise du mieux qu'il pouvait.

Des pierres manquaient pour l'édifice : on avait creusé tant de galeries sous la ville pour édifier les

Maquette

remparts que la butte de Laon n'était plus qu'un vieux fromage abandonné des souris ; des souterrains allaient se perdre jusqu'à l'horizon et des passages secrets permettaient de traverser la butte de cave en cave, à l'abri de la pluie et du vent.

Ainsi de Colligny, de Pargnan, de Craonne, des charrettes tirées de grands attelages s'acheminèrent lentement vers la colline sacrée.

Vous avez une série de phrases composées du corps 5 au corps 14. Ceci est intéressant sur trois points :

- Le premier point sur lequel il faut insister est qu'en édition électronique, contrairement à la typographie traditionnelle, les changements de corps sont un élargissement ou un rétrécissement du dessin.

Si vous agrandissez un corps 8 à la photocopie par exemple, pour obtenir un corps équivalent au corps 72, vous aurez l'impression que ce n'est plus le même caractère.

L'œil de celui-ci ne supporte pas très bien les élongations, ni les réducteurs de têtes.

- Le second point attire l'attention sur le fait que dès le moment où les caractères sont graissés, la valeur de graisse diffère en fonction de ces agrandissements. Les corps plus élevés semblent moins gras. C'est d'autant plus visible qu'il s'agit d'une lettre à empattement.

- Le troisième et dernier point s'attache à la compréhension du graphisme du caractère en tant qu'objet lisible.

  Le corps 5 est, contrairement à ce que l'on pourrait penser, très lisible. Par contre, il ne l'est que sur une petite justification et sur quelques lignes seulement.

Vous comprendrez mieux à présent les raisons pour lesquelles il faut changer de justif dès que l'on change de corps.

corps 8

corps 72

Maquette

corps 8

corps 72

5 Traitement du document

Les dix-sept travaux qui vont être passés en revue, puis détaillés dans leur structure, sont des exemples réels de réalisation d'entreprise. Ils vont étayer notre discours sur chaque type de document.

L'élaboration de ces travaux s'enchaîne, des plus simples aux plus complexes, sur le plan graphisme, maquette et typographie.

Ce chapitre vous propose la construction de :

- Mailing
- Facture
- Fiche de caisse
- Affiche
- Tarif
- Journal
- Catalogue
- Présentation d'activités
- Plaquette de société

- Livre
- Manuel technique de logiciel
- Annonce ou encart publicitaire
- Curriculum vitae
- Cartes de visite professionnelles
- Petits travaux
- Invitation
- Bande dessinée
- Puzzle

Quel que soit le travail que vous devez réaliser, qu'il soit simple ou complexe, arrêtez-vous un instant pour définir les choix graphiques adaptés au public auquel il s'adresse. Vous ne fabriquez pas un document pour tout le monde : adresser une facture à un client suppose un certain type de communication, une plaquette destinée aux banques en suppose un autre.

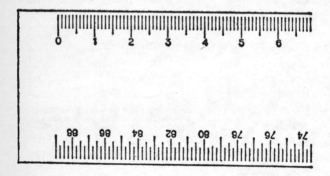

Traitement du document

Mailing

DIVISION DISTRIBUTION

23-25 rue des Peupliers
92270 Bois-Colombes
Tél : 47 81 45 36
Fax : 47 81 73 00

PRINTRONIX, vous connaissez ?

Savez-vous que vous utilisez une imprimante PRINTRONIX depuis de nombreuses années.
Sa légendaire fiabilité vous en a fait oublier son âge.

Nous vous offrons aujourd'hui de la remplacer par une nouvelle imprimante PRINTRONIX, de même technologie, pourvue des dernières évolutions, de vitesse équivalente ou supérieure (150 à 1200 lignes par minute), en profitant de conditions financières privilégiées.

Tournons la page

I. E. R., spécialiste de l'imprimante, et distributeur de PRINTRONIX depuis 15 ans, a mis en place un service de qualité et peut vous assurer le support technique, la formation et la maintenance de l'ensemble de ses produits.

Contactez-nous rapidement au 47 81 45 36

Très cordialement
Alain Bourdet

P. S. : offre valable jusqu'au 31 octobre 1991

❏ Qu'y a-t-il dans ma tête ?

Pour réaliser un bon document, quelles que soient les idées qui vous viennent, et quel que soit le temps que vous avez à consacrer à ce travail (tous les travaux sont urgents), posez-vous d'abord ces deux questions : pour qui ? pour quoi ?

- A qui s'adresse-t-il ?
- A quoi est-il destiné ?
- Quelle est la durée de vie du document ?

❏ Pour qui ?

Tous les clients ayant déjà et ce, depuis longtemps, le matériel dont il est question. Public de chefs de produits ou responsable d'achat.

❏ Pour quoi ?

Faire acheter une nouvelle machine en reprenant l'ancienne à des conditions très favorables ; ou au moins attirer l'attention en cherchant à déclencher un "Pourquoi pas ?".

❏ Durée de vie

Très courte : c'est une offre spéciale limitée dans le temps.

❏ Forme

Peu agressive, il faut créer d'abord un document gai et original. Les responsables d'achats en reçoivent "20 000" par jour... Recherche des complémentarités par rapport au logo (rondeur et discipline) et celle de l'usure du temps (dessins de chrono en filigrane).

❑ Typographie

Forme du texte très carrée, commençant très à gauche (sens de lecture par défaut), puis recentrée sur le bas en un fer à droite directement sur le nom du signataire et ses coordonnées. Ne jamais oublier le sens pratique du document. Ne créez pas un document plus beau que pratique.

❑ Création du gabarit

Format	A 4 recto seul et 2 couleurs
Orientation	à la française
Blanc de tête	103 mm
Blanc de pied	40 mm
Grand fond	20 mm
Petit fond	63 mm

❑ Charte typographique

Quoi	Caractère	Corps	Type	Graisse	Style	Forme	Couleur	Particularités
Texte	Optima	C 12 Chasse 110	Bdc	maigre et gras	Rom	Justifié	Noir	1ère ligne F. gauche Fin de texte F. droit

Micro mémento Mise en page et Typographie

Facture

	Facture 00 - 12 - 000
	Levallois le 28 décembre 1990
	CAMDEN & ASSOCIÉS
	Monsieur Bjorn Sonderlock
	19 rue Harkonen
	75126 Paris

Veuillez trouvez ci-joint le décompte des travaux pour Camden & Associés par type de document et par budget afin de calculer le montant de la facture des 20 % à la commande :

	Concept	Création	Maquettes	Totaux
Cartes de visite	8 000	8 000	5 000	21 000
Plaquette	15 000	25 000	10 000	50 000
Papier en-tête	8 000	8 000	5 000	21 000
Enveloppes en-tête	8 000	8 000	5 000	21 000
Invitations inauguration	5 000	5 000	5 000	15 000
Mailing	6 000	6 000	4 000	16 000
Charte de communication	20 000	35 000	28 000	83 000
Total général	**70 000**	**95 000**	**60 000**	**233 000**

Cette facture concerne l'acompte de 20 % à la commande.
Soit 20 % de 233 000 F HT

```
Total HT .................................................................... 46 600,00
Montant TVA ............................................................... 8 667,60
Total TTC .................................................................... 55 267,60
```

Ce montant est soumis à 1,5 % d'escompte sur son prix HT soit 829,01

Total définitif TTC .... | 54 438,59 |

En votre aimable règlement, par virement bancaire sur le compte Société Générale de la société Baba Yaga au n° 000 00 00000 0 00, dès réception de facture.
Ci-joint, un chèque barré pour les coordonnées complètes du compte Baba Yaga.
Veuillez agréer, Monsieur, l'expression de mes sentiments les meilleurs.

Bernadette Donay

Baba Yaga

Traitement du document

❏ Pour qui ?
Tous les clients à qui l'on a fourni une prestation graphique. Destinée aux payeurs. Adapter de façon graphique le pourquoi au budget demandé.

❏ Pour quoi ?
Valoriser au travers de documents obligatoires un esprit différents de la plupart des sociétés, même graphiques.

❏ Durée de vie
Très longue car c'est un document comptable avec une possibilité d'évolution.

❏ Forme
Simple, pratique mais très visuelle. Logo mis en avant. Mentions obligatoires traitées graphiquement avec calage et guide de lecture latéraux.

❏ Typographie
Tout le texte est justifié. En-tête rubriqué en trois parties distinctes : la nature du document avec son numéro, la date, la société et le nom du correspondant. En dessous, le texte de la facture suivi d'un tableau récapitulatif des travaux engagés auprès de la société. Un calcul net décomposé, puis le total final encadré et mis en valeur par un simple gras. La conclusion suit dans le même style que l'introduction. Les éléments latéraux existent mais ne sont pas destinés à être lus à la premières lecture. Les notions placées en vertical doivent être "les pieds dehors", si elles sont sur le grand fond.

Micro mémento Mise en page et Typographie

❏ Création du gabarit

Format	A 4 recto seul et 1 couleur
Orientation	à la française
Blanc de tête	99 mm
Blanc de pied	15 mm
Grand fond	54 mm
Petit fond	31 mm

❏ Charte typographique

Quoi	Caractère	Corps	Type	Graisse	Style	Forme	Couleur	Particularités
Société	Hiroshige	C 14	Petites Cap	Gras	Ital	F. gauche	Noir	
Nom	Hiroshige	C 12	Bdc	Gras	Ital	F. gauche	Noir	
Texte	Hiroshige	C 12	Bdc	Gras	Ital	Justifié	Noir	
Tableau	Hiroshige	C 8	Bdc	Gras	Ital	Justifié	Noir	

Traitement du document

Fiche de caisse

FICHE DE CAISSE

COPIE-STORE 92
72, rue Danton
92300 LEVALLOIS-PERRET
SARL au capital de 50.000 Frs
R. C. S Nanterre B 377 531 371

Fait le _____

Client _____

Adresse _____

Travail _____

Montant H. T. _____

T. V. A 18,6 % _____

Total T. T. C _____

Micro mémento Mise en page et Typographie

❑ Pour qui ?
Client régulier ou occasionnel qui a besoin d'une fiche à la suite d'une prestation ou d'un travail. Soit pour se faire rembourser par sa société, soit pour enregistrer dans les dépenses de photocopie. Ce document s'adresse à un large public.

❑ Pour quoi ?
Valoriser au travers de documents obligatoires un esprit différent de la plupart des sociétés, même graphiques.

❑ Durée de vie
Longue également (un document comptable).

❑ Forme
Format pratique, sobre et élégant. Les cadres intérieurs sont gérés sur un gabarit à trois colonnes : une pour le titre, une pour la date (combinable avec les autres cadres) et une pour les fers à droite. Identité et montants.

❑ Typographie
Choix d'une Antique directement lisible sans ambiguité. Typo très fine pour le contenu des cadres, placée au fer à gauche et juste au dessus du filet. Le filet du cadre qui suit naturellement le mouvement de la typo engage non seulement la lecture mais aussi l'écriture.

❑ Création du gabarit
Format	142 x 100
Orientation	à la française
Blanc de tête	5 mm

Traitement du document

Blanc de pied ....5 mm
Grand fond ....5 mm
Petit fond ....31 mm

❑ Charte typographique

Quoi	Caractère	Corps	Type	Graisse	Style	Forme	Couleur	Particularités
Titre	Futura	C 30 Chasse 150	Cap	Gras	Ital	Centré	Tramé	
Identité	Futura	C 12	CAP	Maigre	Rom	F. droit	Noir	
Cadre	Futura	C 6	Bdc	Maigre	Rom	F. gauche	Noir	Sur cadre
Tableau	Hiroshige	C 8	Bdc	Gras	Ital	Justifié	Noir	

Micro mémento Mise en page et Typographie

Affiche

Traitement du document

❑ Pour qui ?
Tout public : passants, peintre amateur, curieux, l'habitant de Trouville, le Parisien en Week-End, les hommes, les femmes, les jeunes, les autres...

❑ Pour quoi ?
Informer et "inviter" à une exposition. Faire connaître des artistes inconnus. Prendre des contacts.

❑ Durée de vie
Le temps de l'exposition : très court.

❑ Forme
Fond de mer avec traits de pinceaux simulés. Mouvements flous et rigueur des carrés. Couleurs en contraste entre les bleus (fond) et les couleurs violentes des carrés (orange, rouge, jaune). Eclairage diagonal sur le logo.

❑ Typographie
Logo blanc en mouvement central. Toute la typo est en Futura, montée et casée dans des structures carrées de différentes tailles. Mouvement d'ombre et de lumière avec le noir et le blanc dans les lettres.

Pour la création des affiches, il n'est pas rare que les marges réelles n'existent pas. On appelle cela "à fond perdu". Sur la maquette, les carrés de couleur débordent sur le format. Cela donne une impression d'infini et dégage tout l'aspect typo.

Micro mémento Mise en page et Typographie

❑ Création du gabarit

Format	4150 x 625
Orientation	à la française
Blanc de tête	0 mm
Blanc de pied	0 mm
Grand fond	0 mm
Petit fond	0 mm

❑ Charte typographique

Quoi	Caractère	Corps	Type	Graisse	Style	Forme	Couleur	Particularités
Typo	Futura	de 60 à 200	CAP	Gras	Rom	Justifié pleine	Noir et Blanc	En carré

Traitement du document

Tarifs

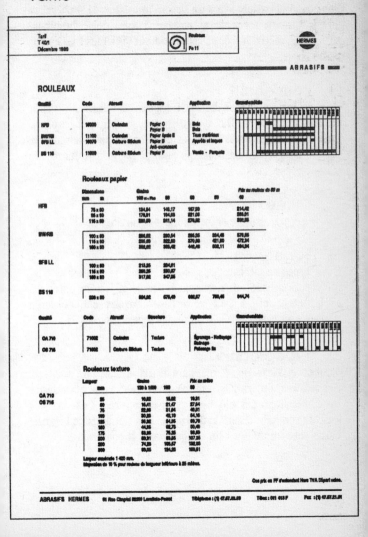

❏ Pour qui ?

Pour des industriels ayant un besoin immédiat de rechercher une information simple et précise. Public de techniciens, structurés, méthodiques et suffisamment sensibles à un esthétisme sobre.

❏ Pour quoi ?

Donner sur des pièces d'abrasif, toutes les informations nécessaires : code, qualité, type d'abrasif, structure et emplois. Dans cette page de tarifs existe un élément peu courant : le peigne de granulométrie, sans oublier les prix unitaires de chaque pièce.

❏ Durée de vie

Le temps est variable entre six mois et un an.

❏ Forme

Deux types de tableaux pour ce document par série d'article, référence croisée, alignements latéraux et jeu de colonnes avec filets et peigne. Le système de lecture en escalier est créé pour mieux permettre la lecture des lignes longues.

❏ Typographie

Tout est en Helvetica étroit : gain de lisibilité et gain de place. Les têtières sont traitées au fer à gauche alors que pour toutes les dimensions des pièces la typo est rentrée. Les prix des articles sont tabulés sur la décimale. Les éléments de la partie haute sont immuables sur chaque page, logo compris.

Traitement du document

❏ Création du gabarit

Format A4
Orientation .... à la française
Blanc de tête .... 40 mm
Blanc de pied .... 11 mm
Grand fond .... 10 mm
Petit fond .... 19 mm

❏ Charte typographique

Quoi	Caractère	Corps	Type	Graisse	Style	Forme	Couleur	Particularités
Titre 1	Helvetica étroit	14	Cap	Gras	Rom	F. gauche	Noir	
Têtière	Helvetica étroit	9	Bdc	Gras	Rom	F. gauche	Noir	Tabulé
Corps tab	Helv. étroit	9	Bdc	Maigre	Rom	F. gauche	Noir	Tabulé
Titre 2	Helvetica étroit	12	Bdc	Gras	Rom	F. gauche	Noir	Retrait d'une colonne

Système à double gabarit sur les colonnes.

Journal

Traitement du document

❏ Pour qui ?

Pour les distributeurs du matériel IGF, ce document de huit pages est destiné d'abord à un public de décideurs, de techniciens et en seconde cible à toute une partie de l'entreprise. Les rubriques constantes qui y figurent sont informatives, curieuses et distrayantes. Le public visé n'a pas le temps, doit décider vite, est débordé de boulot et veut une information concentré au m².

❏ Pour quoi ?

Chaque rubrique a sa spécificité. Nouveauté-matériel. Certains articles sont très techniques (nouveautés, dernières transformations, idées, suggestions). La rubrique du Club IGF qui propose des réductions de tarifs sur des prestations de loisirs, la rubrique des nouvelles brèves sur les salons en cours et la rubrique des promotions d'élèves de grandes écoles.

Durée de vie

Ce journal est bimestriel : durée de vie très courte.

❏ Forme

Deux types de tableaux pour ce document par série d'article, référence croisée, alignements latéraux et jeu de colonnes avec filets et peigne. Le système de lecture en escalier est créé pour mieux permettre la lecture des lignes longues.

❏ Typographie

La composition de ce journal se partage en deux types de caractères très différents : le Futura à lisibilité immédiate et le

Bodoni (caractère Didot). La structure en est dense. Beaucoup d'informations concentrées pour avoir tout sous les yeux en un instant.

Les images sont de deux types : habillage régulier et irrégulier. Certaines illustrations sont des dessins humoristiques de machine, alors que toutes les autres sont des photos traitées en quadrichromie. Ce journal a un fort tirage, ce qui permet des coûts de fabrication à l'unité beaucoup plus faibles et autorise donc une création plus recherchée avec des photos en couleur.

❏ Création du gabarit

Format	240 x 340
Orientation	à la française
Blanc de tête	15 mm
Blanc de pied	15 mm
Grand fond	17 mm
Petit fond	11 mm

❏ Charte typographique

Quoi	Caractère	Corps	Type	Graisse	Style	Forme	Couleur	Particularités
Titre 1	Bodoni	45	Bdc	Gras	Rom	F. gauche	Noir	
Titre court	Futura Book	12 compr 70 %	CAP	Maigre	Rom	F. gauche F. droit	Noir	
Titre 2	Bodoni élargi à 160 %	11	Bdc	Gras	Ital	Centré	Noir	

Traitement du document

Dossier d'art

Artistes

	ADAMI	ARNAL	ARROYO
BLAIS	BASQUIAT	BERTINI	CHAMBAS
COMBAS	CRUZ DIEZ	CHU TEH CHUN	DEBRE
	ERRO	FERAUD	GONTARD
	FICHET	GUIRAMAND	HIQUILY
IMAÏ	KLASEN	LOZANO	MARECHAL
	MIOTTE	MONORY	NOEL
MATHIEU	PINCEMIN	SANDORFI	SCHLOSSER
	SOTTO	SHAHABUDDIN	TABUCHI
	VELICKOVIC	WARREN	

Les hommes de / l'Art

Gérard Xuriguera
Écrivain d'Art
Critique d'Art International
Commissaire général
des Olympiades de l'Art de Séoul 1988
du Symposium de sculpture de Madrid 1990-91
Organisateur d'Expositions de Symposiums

Francis Parent
Critique d'Art
Rédacteur en chef
de la revue Art Images
Organisateur de la Croisière
d'Art Contemporain à bord du MTS Odysseus

Nathalie Maquet
Critique d'Art
Journaliste du journal Le Meilleur
Organisatrice d'Expositions
École des Beaux Arts de Paris
avec France Inter et Le Meilleur

❏ Pour qui ?

Ce document s'adresse à des entreprises sponsors à qui l'on propose de soutenir une exposition d'art contemporain de haut niveau et d'en financer tous les documents qui vont s'y rattacher de près ou de loin. Il s'adresse donc à des décideurs particuliers dont le seul but de ne pas rater une opération financière très importante. Personne ne souhaite rater une affaire, mais dans ce cas précis, il y a quelques zéros à la clé. Ce public réagit très vite, beaucoup plus que la moyenne, il ne s'agit plus simplement de vendre, mais de créer dans la mise en page le petit quelque chose qui fera pencher la balance.

❏ Pour quoi ?

Le dossier comprend, les différents artistes présentés et leurs œuvres, en fonction du sujet de l'exposition, le plus important étant de proposer non pas un produit, mais une idée fondamentalement originale qui devra obligatoirement être rentable. Ce n'est pas le produit graphique que l'on vend, mais son concept appliqué sur le papier, et c'est bien différent.

❏ Durée de vie

Quasiment nulle. Dès que le dossier est à l'étude, le document en tant que tel est mort. Il faut que l'impact soit immédiat ou l'affaire ne se fait pas.

❏ Forme

En dehors de toutes les normes de mise en page classique. Il faut faire preuve particulièrement ici d'imagination graphique et de sens de lecture.

❏ Typographie

Il sera difficile de décrire tous les tenants et les aboutissants de ce document particulier. Les caractères seront à lisibilité immédiate donc dans les Antiques (Futura) avec un jeu très important sur les alignements et les filets de différentes intensités en mouvements graphiques sur la page.

Aucun texte ne pourra réellement remplir la justification par défaut, générée par un gabarit carré. Tout l'intérieur de ce dossier sera traité en couleurs, pour les œuvres des artistes, bien sûr, mais surtout sur les effets de typo ; en faisant correspondre certaines gammes à la sensibilité graphique de chacun des artistes proposés.

❏ Création du gabarit

Format	A4
Orientation	à la française
Blanc de tête	20 mm
Blanc de pied	20 mm
Grand fond	20 mm
Petit fond	20 mm

❏ Charte typographique

Quoi	Caractère	Corps	Type	Graisse	Style	Forme	Couleur	Particularités
Artiste	Manuel	= à 18	Bdc	Gras	Ital	Diagonal	Noir	
Noms	Futura	25	Cap	Gras	Ital	F. gauche	Noir	de 5mm en 5mm
Titre	Futura	36	Bdc	Gras	Rom	F. doit	Noir	coupé d'1 filet
Personnes	Futura	14	Bdc	Gras	Ital	F. droit	Noir	de 5mm en 5mm

Plaquette d'activités

POURQUOI ?

Que vous soyez commerçant, ingénieur, médecin, mère de famille, chef d'entreprise, cadre, journaliste, informaticien...

Ne vous est-il jamais arrivé de vous poser ces questions :

Comment vais-je faire pour trouver ?
Quand vais-je avoir le temps de ? ?

Nous pouvons y apporter des réponses immédiates et satisfaisantes !

NOTRE RÉPONSE
AJC L'ASSURANCE SERVICE

Avec AJC
un seul numéro de téléphone
pour régler un ensemble de problèmes.

Et si le service
qui vous intéresse n'apparaît pas
dans cette plaquette

APPELEZ-NOUS
Ensemble
nous trouverons une solution

Agence AJC
24 Rue Achille Roland
92300 LEVALLOIS-PERRET

47.58.78.51

LES PLUS AJC

Une équipe
L'Agence AJC est composée de personnes de formations et d'horizons très divers, ce qui vous assure un large éventail de compétences et un bouillonnement créatif pour trouver les meilleures solutions à vos problèmes.

LE SERVICE TOTAL AJC = QUALITÉ + SOURIRE

Si, comme nous, vous en avez assez d'attendre des personnes peu aimables, peu gracieuses,
vous apprécierez les services AJC.

Pour nous, un service de qualité
ne peut être rendu
que par des personnes dynamiques, ingénieuses
et surtout souriantes.

Nos références
Une longue expérience dans les prestations multi-services aux particuliers et aux sociétés.
Plus de 1500 missions en 1989
Plus de 10 000 heures de services

Des AJC(eurs)(euses) sélectionné(e)s
Pour conserver la qualité de nos services nous investissons énormément de temps dans le choix de nos intervenants. Nous les recrutons après étude de leur CV et suite à des entretiens.

Le carnet des bonnes adresses
Composée de centaines de numéros de téléphone, vous l'utilisez pour trouver rapidement :
De louer de la voiture, à la méthode qui va vous faire arrêter de fumer en passant par le dompteur de fauves pour animer une soirée.

POUR VOUS

Nous avons le temps

DES SERVICES AJC

Les AJCdons
Étudiants de formation très diverses, recrutés par l'Agence pour leurs compétences et leur gentillesse.
Ils seront vos chines, conduiront votre véhicule si votre permis vous a été "librement" retiré, déménageront vos meubles etc.

Démarches administratives
Vous êtes de plus en plus nombreux à ne plus vouloir attendre des heures dans les préfectures, les mairies pour : faire immatriculer votre véhicule, changer une carte de VRP, refaire votre permis de conduire.
AJC se déplace à votre place.

AJC Organisation
AJC s'occupe pour vous d'organiser un cocktail pour un baptême, une grande réception lors d'une inauguration, une soirée sur une péniche, un petit déjeuner pour vos clients...

POUR VOUS

Les AJCmoms
Pour faciliter votre vie de tous les jours ils vont chercher vos enfants à l'école, les font travailler jusqu'à votre retour du bureau, les gardent lorsque vous décidez de sortir, animent leurs goûters d'anniversaire.

Pour l'entretien de votre appartement l'Agence met à votre disposition :
- une employée de maison pour quelques heures par semaine ou à plein temps ;
- une cuisinière qui vous mijote de bons petits plats ;
- des bras pour ranger votre cave etc...

AJC ouest
Vous partez en vacances, votre animal de compagnie peut vous suivre : Allo AJC !
Distraire les perroquets et nourrir les poissons rouges, c'est aussi dans nos cordes.

ET VOTRE ENTREPRISE

Les AJCdons
Au sein de votre entreprise, vous êtes souvent surchargés de travail et vous avez besoin de personnel pour vous soulager d'un certain nombre de petits soucis.

Ils interviennent pour :
- classer, ranger, trier...
- transporter des bureaux lors d'une réorganisation de vos locaux ;
- faire de la saisie informatique ;
- rédiger des enveloppes pour vos mailings...

De même, lors de vos journées de convivialité dans des salons, des expositions, des animations, les AJCdons et AJCmoms sont :
- hôtes et hôtesses sur vos stands ;
- vendeurs, vendeuses pour dynamiser vos opérations promotionnelles en grande surface.

...des courses... ...plus d'embouteillage... ...des courses... ...plus d'attente... ...des courses... ...plus de stress... ...des courses...

	POUR VOUS	POUR VOTRE SOCIÉTÉ

Une course ne se limite pas toujours à prendre ou déposer un pli, un paquet.
Les AJCcoursiers peuvent s'acquitter, franchir, payer, retirer l'avance sur d'études au sein d'une administration.
Lorsque le document est petit, ils vous le scannent.

POUR VOUS
Ils vont vous emmener du matin...
Ils attendent vos plaisirs de Belsh, vos billets d'avion...
Ils conduiront votre véhicule chez le garagiste, votre moquette trouvera chez le réparateur...

POUR VOTRE SOCIÉTÉ
Ils prendront vos marquees à l'INPI.
Ils paieront vos courses, vos commandes chez les marchands, le fuel légèrement à vos documents au Ministère et dans les ambassades.

Un retard qui fait, des rapports qui manquent, pas le temps, le plombier, l'électricien est indisponible mais demandé, il n'est pas, cabinet de l'huissier, urbanistique, que l'on régir le problème...

AJC s'occupe pour vous
de boîte petit bricolage, boîtes de douce, pose de briques à étanche, de moquette, petite maçonnerie, montage de meubles en kit, problème...

AJC CAMIONS
des contrôles approfondis pour la sécurité de votre appartement ou de votre local, pour l'évacuation de vos objets en-combrants ou leur mises à des bureaux.

...bricole... ...peinture... ...bricolage... ...maçonnerie... ...bricolage... ...électricité... ...bricolage... ...évacuation... ...bricol

Traitement du document

❑ Pour qui ?

Public de deux catégories : les particuliers qui n'ont jamais le temps d'effectuer les démarches administratives (vignettes auto...), aller chercher les enfants à l'école ou les chaussures chez le cordonnier, garder une grand-mère malade, apprendre l'anglais aux poissons rouges de la voisine, ou encore déplacer un piano...

Les entreprises qui, sans embaucher d'intérimaires ou le fils du patron pourtant mignon, ont soudain besoin de quelqu'un pour coller 500 enveloppes d'un mailing urgent, aider à un déménagement intempestif, ou préparer et servir un cocktail.

❑ Pour quoi ?

Cette plaquette a pour but de dire aux gens, "Nous avons le temps à votre place pour quoi que ce soit." Puis, dénombrer tous les services possibles et inimaginables, d'en décrire les intervenants, les modalités d'abonnement et d'inscription, de règlements et de fonctionnement.

❑ Durée de vie

Entre six mois et un an. Si une société de service évolue très vite, elle doit adapter ses propres documents de communication au temps et au public qui s'accroît.

❑ Forme

Excessivement carrée, par rubrique courtes et claires, faciles à lire et en deux couleurs : noir et rouge. N'oublions pas que les gens visés ont encore moins le temps que les autres. Le "petit plus" est que son format final plié rentre dans un agenda standard (poche intérieure ou sac à main) pour toujours avoir la possibilité d'appeller en cas de charrette...

❑ Typographie

Gabarit à trois colonnes égales qui correspondent aux trois plis du format final. Systèmes de cadres très courts, typo très sobre, corps pas trop petit en Antique et en deux couleurs.
Sur le recto deux visuels très simples, bandeaux rouges à lisibilité immédiate et encart des coordonnées.
Pour le verso, deux systèmes de lecture : un par le colonnage comme pour le recto, et en bas du document, une lisibilité horizontale pour inciter les gens à ouvrir complètement la plaquette et ainsi la lire jusqu'au bout.

❑ Création du gabarit

Format	final 80 x 180 recto-verso
Orientation	à la française
Blanc de tête	5 mm
Blanc de pied	5 mm
Grand fond	5 mm
Petit fond	5 mm

❑ Charte typographique

Quoi	Caractère	Corps	Type	Graisse	Style	Forme	Couleur	Particularités
Tête	Avant-garde	10	Bdc	Gras	Rom	F.gauche	Rouge	Décalé à 5 mm
Texte	Avant-garde	10	Bdc	Maigre	Rom	Justifié	Noir	Encadré
Band*	Av-garde	24	Cap	Gras	Rom	Centré	Réserve	Fond rouge
Bas texte	Av-garde	10	Bdc	Gras	Rom	Justifié	Noir	Tramé rouge

Traitement du document

Plaquette Société

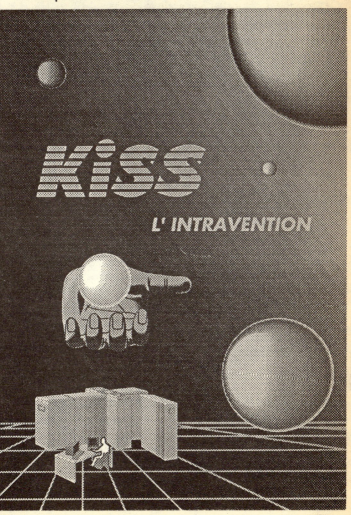

❑ Pour qui ?

Cette plaquette est adressée à des sociétés dont les décideurs sont avant tout des techniciens qui demandent une certaine rigueur et un sens pratique. Les produits vendus par ce document sont à la fois du service et des solutions techniques. Ils visent des responsables de service informatique essentiellement, des financiers.

❑ Pour quoi ?

Il s'agit de vendre plusieurs choses à la fois.
Le produit Service d'entreprise mais surtout le concept même de la société, son identité, ses spécificités et surtout la place qu'elle occupe vis-à-vis d'IGF avec qui elle travaille en partenariat. Ce rapport de force doit appaître dans une forme sérieuse et solide mais en y ajoutant une mobilité qu'une énorme structure ne peut en aucun cas obtenir.

❑ Durée de vie

Variable comme toutes les plaquettes de société : de six mois à un an en fonction de l'évolution de la gamme produit.

❑ Forme

Quatre pages en quadrichromie avec une double identité graphique sur le recto (première et quatrième de couverture en même temps) ainsi que sur le verso qui comprend une animation graphique sur les deux pages, différente dans sa structure. Les couleurs employées ne sont pas identiques mais dans les mêmes gammes chromatiques. L'intérêt est que lorsqu'on ouvre le document, on entre dans une profondeur dont on ressort en fermant son regard sur la quatrième de couverture.

❑ Typographie

Sur la page de couverture et 4ème : mise en évidence du logo et de l'invitation graphique destinée au public. Le contexte dans lequel elle s'inscrit est représenté en dessous. Le mot "magique" en évidence, mais placé sur le côté et surtout pas au milieu. Il faut bien savoir qu'un titre traité au milieu a moins d'impact que s'il est décalé sur l'extérieur.

L'intérieur : l'animation graphique s'étend sur les deux pages, grâce au système des sphères. Toute la typo est montée centrée (en centrage relatif et pas centrage réel), dans l'ordre logique du sens de lecture, horizontal et de gauche à droite, ce qui fait que le mouvement des boules entraîne la lecture.

❑ Création du gabarit

Format	A4 plié
Orientation	à la française
Blanc de tête	15 mm
Blanc de pied	15 mm
Grand fond	15 mm
Petit fond	15 mm

❑ Charte typographique

Quoi	Caractère	Corps	Type	Graisse	Style	Forme	Couleur	Particularités
Texte	Futura	14	Bdc	Gras	Ital	Justifié	Réserve	
Message	Futura	35	Cap	Gras	Ital	F. droit	Réserve	
Boules	Futura	12	Bdc	Gras	Ital	Centré	Noir	Réajusté sur boule

Livre

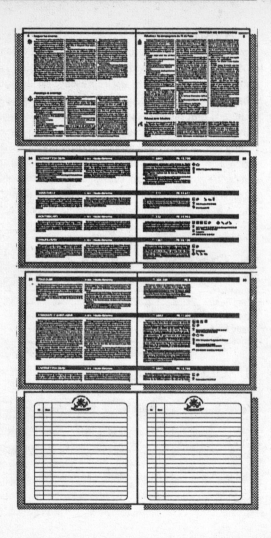

Traitement du document

❑ Pour qui ?

Le but de ce livre, particulier, est de toucher indirectement les familles qui passent leurs vacances à bord de péniches sur les canaux qui sillonnent la France. Mais le premier public auquel il s'adresse sont les compagnies de péniches, les éclusiers et mariniers. Ils devront acheter un nombre d'exemplaires, les placer dans les bateaux et les vendre aux clients intéressés par l'acquisition de cet ouvrage à quatre volets.

❑ Pour quoi ?

Ce livre n'est pas un ouvrage comme les autres. En effet, il fonctionne à plusieurs niveaux :
- Les notions techniques de navigation de la péniche ;
- La visite en trois langues, Km par Km des régions qu'ils traversent ;
- La partie carnet de bords à remplir et la partie album photo où les gens pourront placer leurs photos et cartes postales.

❑ Durée de vie

Courte à l'utilisation. Longue car les clients gardent ce livre.

❑ Forme

Forme "classieuse" intermédiaire entre l'album photo, le beau livre et le document pratique. La structure des textes est complexe : trois langues cohabitent et ne sont pas combinables (anglais : texte court, allemand : texte terriblement long et français, typo intermédiaire en terme d'encombrement graphique évidemment). Or elles doivent raconter les mêmes choses (lecture horizontale) afin d'éviter de réaliser trois volumes indépendants, dont on ne pourrait pas déterminer le tirage.

Micro mémento Mise en page et Typographie

❑ Typographie

Système de maquette à deux colonnes par page pour laisser s'exprimer le texte en trois langues, avec sur le côté un inventaire d'icônes à compréhension immédiate et internationale comme le boulanger, la poste, le médecin... sur la dernière partie à droite en double page ouverte. Au-dessus de chaque texte de région, un bandeau courant sur la double page permettant de donner les indications des lieux et les renseignements nécessaires au bon déroulement des vacances.

❑ Création du gabarit

Format	260 x 24,5 pour une page
Orientation	à l'italienne
Blanc de tête	10 mm
Blanc de pied	10 mm
Grand fond	25 mm
Petit fond	15 mm

❑ Charte typographique

Quoi	Caractère	Corps	Type	Graisse	Style	Forme	Couleur	Particularités
Bandeaux	Eras	14	Cap	Gras	Rom	Centré	Réserve	Centré /colonne
Texte	Palatino	11	Bdc	Maigre	Rom	Justifié	Bleu	

Traitement du document

Manuel technique

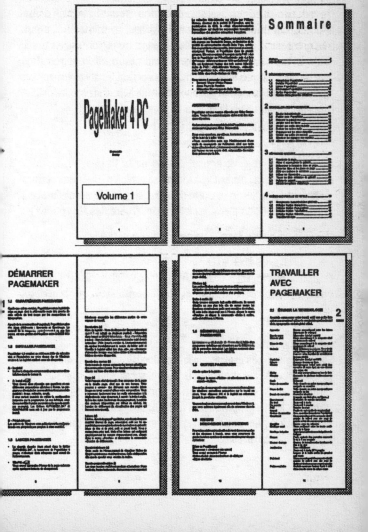

❏ Pour qui ?

Cet autre modèle de livre est assimilé à la construction des manuels techniques ou manuels de logiciels.

Il est destiné à des utilisateurs de logiciels qui ont besoin d'une information directe, claire et à lisibilité "immédiate". Le public est très ciblé et donc très exigeant, mais contrairement à ce que l'on peut penser, information claire ne veut pas dire moche. Il n'est pas interdit, bien au contraire, d'y apporter un "plus" graphique pour justement aider à donner les informations au moment où l'on en a le plus besoin.

❏ Pour quoi ?

Ce type d'ouvrage se consulte mais ne se lit pas. Vous viendrait-il à l'esprit, durant vos longues soirées d'hiver de prendre un bottin téléphonique ou le dictionnaire, de le commencer à la lettre A pour en terminer à Zythum (bière des Égyptiens) : pas-sionnant n'est-ce pas ?

❏ Durée de vie

Pour cet ouvrage en particulier, il est valable jusqu'à la prochaine version du logiciel c'est-à-dire entre deux mois et deux ans à peu près.

❏ Forme

Paragraphes très courts, précis et des illustrations simples en abondance. Mais attention, il faut rester vigilent : chaque type d'information doit avoir son propre codage, vous le verrez dans la charte graphique. L'œil s'habituera à reconnaître les informations les unes par rapport aux autres, ce qui donnera l'efficacité du message.

Traitement du document

❑ Typographie

Gabarit très étroit et justification très courte (80 mm). Les caractères employés sont là encore et pour les mêmes raisons, des Antiques. Par contre, il est dommage qu'une numérotation des titres et paragraphes existe, en fait, elle n'est pas nécessaire si la charte typo est suffisamment explicite. Mais ceci viendra avec le temps. Malgré tout, vous remarquerez que dans la plupart des documents techniques, on emploie un et un seul type de caractère : qu'il soit décliné est une chose, mais tout le catalogue "Letraset" n'y passe pas.

❑ Création du gabarit

Format	108 x 297
Orientation	à la française
Blanc de tête	18 mm
Blanc de pied	25 mm
Grand fond	18 mm
Petit fond	10 mm

❑ Charte typographique

Quoi	Caractère	Corps	Type	Graisse	Style	Forme	Couleur	Particularités
Chapitre	Helvetica	36	Bdc	Gras	Rom	F.gauche	Noir	
1er inter	Helvetica	12	Cap	Gras	Rom	F.gauche	Noir	Avec n°
2ème inter	Helvetica	10	Bdc	Gras	Rom	F.gauche	Noir	Avec lettre et tirot
Texte	Helvetica	9,5	Bdc	Maigre	Rom	Justifié	Noir	
Menus	Helvetica	9,5	pte Cap	Gras	Rom	Justifié	Noir	Entre crochets
Com^{des}	Helvetica	9,5	pte Cap	Maigre	Rom	Justifié	Noir	Entre crochets
Options	Helvetica	9,5	Bdc	Maigre	Ital	Justifié	Noir	
Choix	Helvetica	9,5	Bdc	Maigre	Ital	Justifié	Noir	Entre < et >

Annonce de publicité

BABA YAÇA
N'ATTEND QUE VOUS

24 Rue Aristide Briand
92300 Levallois-Perret

47.48.17.72

La signature de votre talent...

Baba Yaga vous propose une palette de réponses à toutes les questions générales et spécifiques de communication que vous vous posez. Trois départements sont à votre disposition : **Création – Formation – Conseil**.

A Si vous cherchez un rapport bien agencé et persuasif, un catalogue clair et agréable pour accompagner une exposition, un scénario de diapositives pour soutenir une conférence, une affiche ou une plaquette impeccable, un logo original, fort et élégant... Baba Yaga vous le concocte dans les règles de l'art.

B Apprentissage à deux niveaux (initiation et perfectionnement) de la communication graphique. Formation logicielle (toute version et tout matériel) et typographiques sur PageMaker, Ventura, XPress et Illustrator.

C Pour tous les problèmes de graphisme que vous n'avez pas réussi à résoudre, nous pouvons intervenir.

Bernadette Doscq
Celestino Arvelar
et Jean-Luc Godris,

par leur expérience et leur savoir-faire en graphisme et typographie, vous trouvent la solution appropriée pour formaliser votre message.

Traitement du document

❏ Pour qui ?

Ce document est destiné à être publié dans une revue touchant les grandes entreprises. Le public est donc assez varié, mais ceux que l'on vise sont des chefs d'entreprise à qui l'on a envie de faire décrocher son téléphone pour demander d'en savoir un peu plus. Il est difficile de jouer sur plusieurs tableaux à la fois : se faire un peu plaisir et amuser l'interlocuteur en souhaitant qu'il devienne demandeur.

❏ Pour quoi ?

Décrire dans des termes relativement concis et simples l'activité d'une entreprise est dangereux ; soit il faut énoncer les travaux possibles, soit faire rêver les gens. L'idéal est de faire les deux en même temps. D'autant qu'il faut reconnaître que la réalité des choses est bien différente de ce que l'on croit. Si réellement les gens à qui l'on envoie des revues lisaient tout et de bout en bout, ils n'auraient pas le temps de faire autre chose.

❏ Durée de vie

Aussi courte que la périodicité de la revue en question.

❏ Forme

Il existe plusieurs méthodes mais toutes sont liées plus que jamais dans ce cas, aux choix financiers plus qu'aux possibilités de l'entreprise concernée. Ces annonces publicitaires se répartissent en plusieurs types de formats standard à occuper. Pour l'exemple en cours, il s'agit d'un 1/4 de page horizontal en noir et blanc.

❏ Typographie

Les deux éléments les plus importants dans ce cas ne seront pas le texte et sa forme mais le visuel qui lui est associé, et l'accroche. Pour le visuel, il peut s'agir soit du logo, comme c'est le cas ici, soit d'une mascotte (lion du Crédit Lyonnais par exemple) ou encore une illustration qui va étayer le discours créé.

Les annonces publicitaires contiennent un autre élément indispensable : les coordonnées elles se traitent soit de façon très discrète ou au contraire très voyante, mais en aucun cas il ne faut s'en débarrasser en voulant ménager le chèvre et la choux, prendre une décision graphique se défend si on a le courage et de quoi l'argumenter jusqu'au bout.

❏ Création du gabarit

Format	210 x 65
Orientation	à l'italienne
Blanc de tête	5 mm
Blanc de pied	5 mm
Grand fond	5 mm
Petit fond	5 mm

❏ Charte typographique

Quoi	Caractère	Corps	Type	Graisse	Style	Forme	Couleur	Particularités
Accroche	Peignot	12	Cap	Gras	Rom	F.gauche	Noir	
Texte	Bauhaus	10	Bdc	Maigre	Rom	Justifié	Noir	
Encadré	Bauhaus	10	Bdc	Gras	Rom	F. gauche	Noir	Décalé sur justif
Coord.	Peignot	12	Cap	Gras	Rom	F. droit	Noir	

Traitement du document

CV

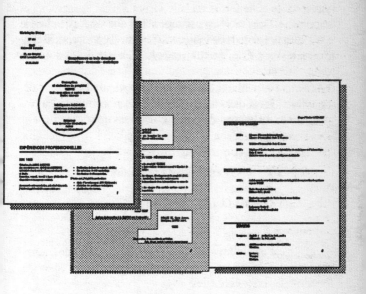

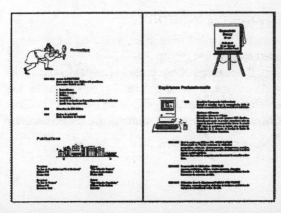

❏ Pour qui ?

Le CV est un document à part entière qui doit se traiter avec beaucoup de sérieux.

Le public est très ciblé en principe selon que vous cherchez à vous faire remarquer de telle ou telle type d'entreprise. Deux exemples vont éclairer ces propos. L'un est destiné à des agences de création, maison d'édition, l'autre à des financiers, des économètriciens et chercheurs. Le seul point commun de ces deux CV est que les deux candidats peuvent être attirés malgré leur différence dans une grande société de services.

❏ Pour quoi ?

Le rôle premier du CV est, non pas de se faire embaucher, nous l'avons déjà dit, mais de faire réagir l'interlocuteur pour que ce soit lui qui devienne tout à coup demandeur.

Durée de vie

Un CV n'est pas immuable, loin de là et peut (doit devrions-nous dire) à la même époque revêtir plusieurs formes en fonction des cibles choisies.

❏ Forme

Excessivement difficile à formaliser, un CV est aussi personnel qu'une brosse à dent.

Cependant, il faut reconnaître certaines constantes dans l'élaboration de ce type de carte d'identité professionnelle. Les rubriques restent identiques et génériques même si elles sont présentées et libellées sous une autre forme et dans un ordre différent.

❑ Typographie

Le choix est très vaste. Mais souvenez-vous que si l'habit ne fait pas toujours le moine, un CV ne doit pas tricher dans son intention.

Si vous êtes quelqu'un de timide, faites-vous un CV qui reflète ce côté de votre personnalité, on voudra peut-être d'une personne discrète et efficace.

Si vous êtes le roi des roublards, dites-le, on voudra peut-être d'un commercial mordant et qui n'a pas froid aux yeux.

Cherchez à mettre, outre vos qualités en avant, mais aussi vos défauts sous un autre jour, et ne vous trompez pas vous-même, il y a un poste pour chacun d'entre nous, car il faut de tout pour faire un monde. Facile à dire, surtout de nos jours, mais dites vous bien que si votre CV ne plaît pas au directeur parce que trop "louf" (surtout parce qu'il ne vous le dit pas), vous ne perdrez pas forcément grand-chose, car vous n'auriez peut-être pas pu travailler ensemble et là c'est beaucoup plus grave. On choisit aussi son patron...

❑ Création du gabarit

Trop général pour oser vous proposer une solution "miracle" qui n'existe pas.

Cartes de visite

B ERNADETTE
D ONAY

DIRECTRICE ARTISTIQUE
Diplômée ASFORED
GÉRANTE

55 RUE DANTON
92300 LEVALLOIS - PERRET

47 48 17 72
Fax : 47 58 08 64

Traitement du document

❏ Pour qui ?
Là encore le public auquel vous vous adressez en créant votre propre carte de visite est divers. on peut reprendre un peu les réflexions générales du CV sauf qu'elles sont non pas extérieures à l'entreprise, mais bien internes.

❏ Pour quoi ?
Ce document fait en principe partie de la charte de communication avec la plaquette. Elle doit être le reflet, non pas de votre identité mais de celle de l'entreprise.

❏ Durée de vie
Différentes phases : si vous changez d'activité, si l'entreprise change d'adresse, de téléphone ou plus simplement de charte de communication.

❏ Forme
Deux formes générales sont possibles. Dans tous les cas, elle doit être pratique, élégante et sobre. Elle peut être originale, dans plusieurs sens, mais jamais tout à la fois.
Soit par la forme graphique : format, orientation...
Soit par le libellé
Soit par son support
La grande bataille est l'orientation de la carte elle-même.
Doit-on la faire à la française ou à l'italienne ? Le format à la française est moins courant, quoiqu'il devient en ce moment très à la mode. Tout dépend de ce que vous souhaitez donner comme information. Si la carte est sobre, il vaut mieux choisir à l'italienne, par contre, si vous voulez vous permettre un peu plus de fantaisie, choisissez à la française.

Micro mémento Mise en page et Typographie

❑ Typographie

Le gabarit est tout simple. Cependant, même sur une petite surface, on pourra employer différents types d'un seul caractère. Les éléments les plus importants sont dans l'ordre :
- Le nom de la société ou le logo
- Le nom de la personne
- Le téléphone

Ensuite seulement, viennent les autres informations (attention, une carte de visite n'est pas un roman si vous voulez que telle ou telle personne connaisse de vous d'autres éléments, pensez à vous faire créer plusieurs cartes de visites destinées à des publics différents pourquoi pas...) :
- Adresses
    de la société
    du siège
    ou de l'agence...
- Numéro de fax
- Qualité de la personne
- Département d'intervention
- RC et n° Siren, Siret...
- Accroche...

❑ Création du gabarit

Format	50 x 90
Orientation	à la française
Blanc de tête	0 mm
Blanc de pied	0 mm
Grand fond	0 mm
Petit fond	0 mm

Traitement du document

Puzzle

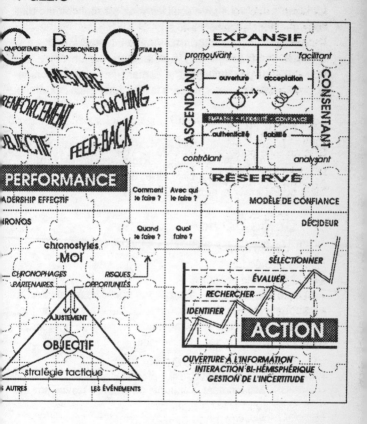

Micro mémento Mise en page et Typographie

❏ Pour qui ?

L'exemple que vous avez sous les yeux est réel comme tous ceux que nous avons détaillé.s
Il s'agissait d'un puzzle à construire pour un stage de managers. Le sujet très théorique devait se traduire par un objet "détendant" et un peu "inattendu". Les managers sont des personnes mouvantes par excellence, à la décision rapide et ludique.

❏ Pour quoi ?

Le puzzle en lui-même est découpé en quatre parties. Chacune d'elles est un moment du stage. Lorsque le stage est terminé, le stagiaire possède les quatre séries d'éléments qui s'assemblent pour former le puzzle complet.

❏ Durée de vie

Jusqu'à ce que mort s'ensuive... du puzzle !

❏ Forme

Structure normale pour un puzzle, composé de morceaux qui s'emboîtent les uns dans les autres. Le but du jeu sur un plan création est que chaque élément ne doit pas être immédiatement identifiable avant l'assemblage.

Partie 1 :   Leadership effectif
            Mouvement graphique de mots et travail sur des lettrines non régulières.
Partie 2 :   Modèle de confiance
            Schéma régulier travaillé à 45° sur chaque axe de communication. Attention la ligne du bas doit rester à l'endroit.

Traitement du document

Partie 3 :   Chronos
Après les mouvances et les rotations, travail sur figure géométrique non employée encore. Le choix pouvait être soit le triangle, soit le cercle.

Partie 4 :   Décideur
Enfin, pour couronner le tout, travail sur un graphique et courbe de croissance.

❏ Typographie

Tout ce puzzle est en Avant-garde et joue en fonction de trois couleurs et un contraste : le gris foncé, le gris clair, le bleu, et l'équilibre constant du noir et du blanc.

Sur le document que vous voyez, l'impression de fouilli vient du fait que le puzzle est tracé mais pas réel. En grandeur nature, les découpes sont pratiquement invisibles.

❏   Création du gabarit

Format .... 200 x 200
Blanc de tête .... 5 mm
Blanc de pied .... 5 mm
Grand fond .... 5 mm
Petit fond .... 5 mm

Micro mémento Mise en page et Typographie

Bande dessinée

Traitement du document

❑ Pour qui ?

A la place de bande dessinée, on aurait pu appeler ceci story board ou scénario. Le public auquel ce type de document s'adresse n'est pas forcément uniquement les enfants (ou alors les grands), loin de là. Dans ce dernier document, il s'agit tout autant de repérer des axes de communication pour la présentation d'une entreprise sur transparent, diapositive ou encore en ani-matique (dessin animé sur ordinateur).

Ces documents sont destinés à tout le monde, seul le sujet précis déterminera certains choix graphiques.

❑ Pour quoi ?

On sait depuis toujours qu'un "rien" détend l'atmosphère, et pourquoi pas la BD ? Avez-vous pensé un jour pouvoir présenter à votre patron un bilan financier réalisé en BD ?

Et pourquoi pas, a priori, personne ne s'est jamais risqué à le faire, pensant que ce pourrait être déplacé, mais lui avez-vous seulement posé la question ?

❑ Durée de vie

Si cela lui plaît : un an.
Sinon : quelques secondes...

En principe, si vous créez un document illustré dans le genre de la BD, soit les dessins sont temporairement neutres et ne vieillissent pas (il n'y a que le trait et le dessinateur qui finissent par vieillir), soit vos dessins se rapportent à des événements "actuels", dans ce cas, la durée de vie est extrêmement courte.

❑ Forme

De deux choses l'une :
- Soit vous avez un dessinateur qui a sa propre griffe et qui vous transformera tous vos docuements en œuvre magistrale,
- Soit vous voulez un document dans un certain style genre Lucky-Lucke ou Astérix et vous créez un personnage différent mais proche de sa philosophie.

Pour toute la typo, choisissez une Antique, elle sera un excellent support de communication pour l'objet premier qu'est le dessin.

❑ Typographie

Pensez un gabarit le plus complet possible à sept ou huit colonnes interchangeables. Réalisez une grille parfaite afin de vous autoriser tous les débordements possibles.

❑ Création du gabarit

Format	A4
Orientation	à la française ou l'italienne

Si vous avez beaucoup de typo à placer :

Blanc de tête	5 mm
Blanc de pied	5 mm
Grand fond	5 mm
Petit fond	5 mm

Avez-vous déclenché votre petit bouton de fantaisie ?
Tant mieux, maintenant préparez votre typo pour la placer.

Petits conseils

Sur le plan conception graphique, assez peu de problèmes, par contre, dans ce cas, vous n'êtes jamais entièrement maître d'œuvre, ce serait trop beau, alors protégez-vous.

Les personnes qui vont saisir votre document ne savent pas forcément comment vous allez manipuler leur texte. Souvent, elles le taperont comme un beau texte, avec gras, italique, corps et tabulations, le tout justifié. Expliquez-leur gentiment que le temps qu'elles vont passer à vouloir bien faire, vous passez le double à tout défaire et vous n'avancerez pas.

Etablissez d'urgence un protocole de saisie. Ceci peut vous paraître amusant peut-être, mais c'est pourtant tellement important. Sur un travail de deux mois, vous risquez de perdre un mois et demi à vous arrachez les cheveux à cause de ça !

Protocole de saisie
Le texte destiné à la mise en page devra prendre la forme spécifique comportant les règles de saisie définies ci-dessous.

Travail sur le texte
Pour le texte courant, frapper le texte "au kilomètre" signifiera :
- Pas de justification, c'est-à-dire tout aligné à gauche SANS faire de retour-chariot en fin de ligne ; les retours-chariot ne seront effectués qu'en fin de paragraphe ;
- Pas de gras ;
- Pas d'italique ;

- Pas d'ombré ;
- Pas de relief ;
- Pas de souligné ;
- Surtout pas de combinaison de tous ces éléments ;
- Pas d'utilisation de multiples polices de caractères ;
- Pas d'alinéa ;
- Aucune tabulation ;
- La frappe sera effectuée en interligne simple ;
- Les paragraphes pourront être séparés par une ligne blanche ou deux.

Travail sur les notes de bas de page

Toutes les notes de bas de page seront frappées à part (dans un autre fichier) et référencées dans le texte à l'aide de parenthèses ouvrantes et fermantes contenant le numéro de la note.

Travail sur les tableaux

Pour la frappe de l'intérieur des tableaux et des têtières, le texte sera frappé par bloc.

Taper dans l'ordre :
"Têtière" et RC - (RC signifie retour-chariot) ;
"Chiffre" et RC ;
"Pourcentage" et RC ;
"Début de la colonne 1 suite colonne 1 suite 1" et RC ;
"Colonne 2 suite 2 suite 2" et RC ;
"Colonne 3 suite 3 suite 3" et RC.

Résultat dans votre traitement de texte :
Têtière
Chiffre

Traitement du document

Pourcentage
Début de la colonne 1 suite colonne 1 suite 1
Colonne 2 suite 2 suite 2
Colonne 3 suite suite 3

Travail sur les schémas

Pour tous les composants texte de schéma, la frappe se réalisera de la même façon que pour les tableaux : tout à gauche et RC (retour-chariot) à chaque fin d'objet uniquement.

Vous taperez dans l'ordre :
"Légende 1" et RC ;
"Légende 2" et RC ;
"Légende 3" et RC ;
"Légende 4" et RC.
Et obtiendrez ceci :
Légende 1
Légende 2
Légende 3
Légende 4

Quelques rappels cependant

Chaque signe possède ses propres règles.

Espace avant et après :
- Les deux points ;
- Le point virgule ;
- Le point d'exclamation ;
- Le point d'interrogation.

Espace avant uniquement :
- La parenthèse ouvrante ;
- Le crochet ouvrant ;
- Le guillemet ouvrant ;
- La lettre capitale (majuscule).

Espace après uniquement :
- La parenthèse fermante ;
- Le crochet fermant ;
- Le guillemet fermant ;
- La virgule ;
- Le point ;
- Les trois points de suspension ;
- Les tirets.

Travail des capitales

La capitale (ou majuscule) est obligatoire après :
- Un point ;
- Un point d'exclamation, sauf si celui-ci est placé entre parenthèses (!) ;
- Un point d'interrogation, sauf si celui-ci est placé entre parenthèses (?) ;
- Les trois points de suspension.

Interdite après :
- Un point virgule ;
- Deux points ;
- Les guillemets ;
- Les parenthèses ;
- Les crochets ;
- Les tirets.

Traitement du document

Travail sur les énumérations

Il existe deux types d'énumération. L'une avec des points ou puce (gros points ronds), l'autre avec des tirets.

Premier cas
Placer des capitales après les points ou puces.

Second cas
Placer des bas de casse (minuscules) après les tirets.

Dans tous les cas
Si l'un des membres de l'énumération fait plus d'une ligne, placer obligatoirement un point virgule en fin de chaque membre.

6 Outil

De plus en plus la mise en page est traité en PAO. Il nous a semblé important de faire un tour d'horizon sur les différentes possibilités actuelles, tant matérielles que logicielles.

Il vous appartiendra néanmoins de faire des choix en fonction de la qualité, du coût, de l'activité et surtout de vos besoins.

Matériel

❑ Micro-ordinateur

Le micro-ordinateur Macintosh est souvent présenté comme une machine révolutionnaire. Nous ne saurions nous soustraire à cette idée... La PAO, à laquelle on peut considérer qu'il a donné naissance sur micro-ordinateur, lui donne actuellement une réelle dimension.

La force du Macintosh provient de son haut degré de convivialité et de sa grande qualité graphique et wysiwyg (what you see is what you get).

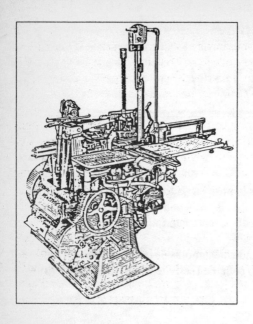

Couplé à la LaserWriter NTX, le matériel Apple fait figure de standard en matière de PAO car il permet d'effectuer des travaux de grande qualité.

C'est sur ce matériel que l'on trouve le plus grand nombre de logiciels de création typographique et graphique.

Nous citerons bien évidemment PageMaker mais aussi XPress dans le domaine de la mise en page. Quant à la création graphique, vous disposez de MacPaint, MacDraw, Clip Art, Illustrator... notamment pour toutes les dernières versions de chacun d'eux.

Outil

❑ Imprimantes

Le choix d'une imprimante est crucial, puisque la qualité de votre publication en dépend. Toutefois, la qualité se paie. Si vous désirez donner une touche professionnelle à votre publication, vous devez utiliser une imprimante laser.

Si votre objectif est de réaliser des dossiers personnels, une imprimante matricielle vous suffira, mais c'est dommage. Le coût variera de un à six environ entre une imprimante matricielle de bonne qualité (type ImageWriter II) et une imprimante laser (type LaserWriter Plus, NT ou NTX).

Classiques

Toutes les imprimantes classiques sont d'une bien moindre qualité que les imprimantes laser. Par conséquent, elles ne seront utilisées que pour la sortie de page d'essai ou de brouillon. L'épreuve finale sera par contre réalisée à l'aide d'une imprimante laser. Les imprimantes classiques se partagent en trois catégories :
- Imprimantes matricielles à aiguilles ;
- Imprimantes à jet d'encre ;
- Imprimantes par transfert thermique ;
- Pour les sorties couleur : la FourCast.

Outre la qualité médiocre des imprimantes classiques (imprimantes matricielles), notons également une relative lenteur à l'impression d'une page complexe comportant notamment des éléments graphiques en grande quantité. Les imprimantes les moins onéreuses travaillent à une vitesse de 80 cps (caractères par seconde) en impression standard. Dans ce cas, l'impression d'une page peut atteindre 10 à 15 mn.

La vitesse d'impression peut atteindre 200 cps et donc deux fois moins en qualité courrier. Les imprimantes matricielles travaillent par impact sur un ruban qui peut maintenant être de couleur. Elles ne peuvent pas traiter des éléments de qualité graphique. Elles peuvent, par contre, imprimer un nombre variable de polices de caractères contenues dans la mémoire du périphérique.

La résolution d'une imprimante matricielle est de 70 points par pouce contre 160 pour une imprimante à marguerite. La vitesse d'impression est toutefois supérieure puisqu'elle est de 160 cps contre 80 pour les imprimantes à marguerite.

Laser

Les imprimantes laser se distinguent des autres imprimantes par le fait qu'elles n'opèrent pas par impact sur la surface à remplir. Les imprimantes laser comportent une mémoire importante. Cette capacité est rendue obligatoire : songez qu'une page A4 (8 x 11 pouces), pour une densité de 300 points par pouce (le standard actuellement), nécessitait environ 1 Mo (0,8415 Mo exactement). Aujourd'hui la capacité de ces im-primantes laser dépasse 4 Mo et même 8 Mo...

La mémoire contient une «bit-map» de la page à imprimer. Une «bit-map» correspond à une matrice binaire dont un élément (bit) dit «à zéro» signifie non-impression et un élément dit «à un» correspond à une impresion en noir par exemple. La technique d'impression consiste alors pour le «RIP» (Raster Image Processor) à lire la mémoire et à activer ou désactiver le faisceau laser selon que la valeur lue équivaut à «zéro» ou à «un».

Le cœur de la laser, (imprimantes laser de bureau), constitué par le toner, a une durée de vie pourtant limitée d'environ 12 000 feuilles imprimées. La durée de vie de l'imprimante elle-même s'exprime en nombre de feuilles imprimées. Elle varie selon l'imprimante, de 250 000 (100 pages par jour pendant sept ans) à 1 000 000 soit (100 pages par jour pendant 28 ans). Il est vrai qu'aujourd'hui certaines imprimantes sont capables de produire 500 000 pages par mois, mais ce n'est pas une raison pour transformer votre espace de bureau en atelier d'imprimerie, chaque imprimante, son rôle.

Les polices de caractères sont soit :
- Résidentes ;
- Chargeables par cartouche ;
- Chargées par le micro-ordinateur.

Une police de caractères se définit par :
- Son dessin ;
- Son orientation ;
- Son jeu ;
- Son espacement ;
- Et son nombre de caractères au pouce.

Chaque caractéristique suppose une police différente d'où la nécessité d'une mémoire importante. Il faudra deux polices pour deux graisses indépendantes, à la différence du terme traditionnel de la police de caractères typographique où une police signifie le type de dessin avec tous ses dérivés de corps, de graisse, de style. PostScript supprime en partie cet inconvénient car chaque caractère est défini mathématiquement par les courbes de Beziers.

Micro mémento Mise en page et Typographie

Un caractère est donc un objet (graphique) pouvant subir toutes sortes de déformations. Attention toutefois au dessin du caractère : la conception d'un caractère en typographie est une affaire d'esthétique avant tout et de cohérence graphique.

Si vous prenez un caractère romain, bas de casse, corps 10, maigre (pour prendre l'exemple le plus simple possible), et que vous le souhaitiez en italique, bas de casse, corps 10, maigre, la différence entre le romain et l'italique n'est pas seulement une déformation du caractère (aussi bonne soit-elle), mais représente bien un nouveau dessin de ce même caractère. Il en va de même pour tout changement de graisse, de corps, de force.

PostScript règle un certain type de problème, mais altère la qualité typographique un tant soit peu.

Nous verrons plus loin ce qu'est réellement un caractère et ce que représente une police de caractères. Les imprimantes laser se caractérisent par leur rapidité d'exécution d'une part, et le type de formats acceptés d'autre part. La plupart des imprimantes laser de bureau possèdent un débit de huit pages par minute (8ppm). Les «haut de gamme» impriment environ douze pages à la minute (12ppm).

Quant aux formats, six types sont possibles :
- A4   210 x 297 mm
- A5   148 x 210 mm
- B5   250 x 170 mm
- Lettre   8,5 x 11 pouces
- Légal   8,5 x 14 pouces
- Tabloïd   11 x 17 pouces

❑ Scanners

Le scanner permet de numériser des images. Nous assistons aujourd'hui à une baisse sensible du prix de ces matériels conjointement à une amélioration de leur qualité. Cependant, la qualité professionnelle n'est pas (contrairement aux apparences et ce, malgré certains matériels capables de scannériser à 600 ppp) au point aujourd'hui pour un travail professionnel :

- Augmentation du nombre de points par pouce ;
- Diminution du temps de lecture d'une image.

Le principe de fonctionnement de ces appareils est comparable au travail d'une imprimante laser qui serait conçue pour la lecture et non plus pour l'impression. Un ensemble de cellules lit l'élément à numériser par un balayage ligne à ligne. Les informations lues sont alors envoyées à l'ordinateur qui se charge de les stocker en fichiers. Ceux-ci sont alors utilisables dans les applications que vous concevez.

Des logiciels tels que The Illustrator permettent de modifier ces images. La définition standard est aujourd'hui de trois cents points au pouce, mais peut aller à 1200 points ou 1800 points par pouce. Attention, le 300 dpi (points par pouce) ne permet pas de créer des images de qualité professionnelle. Les imprimantes laser travaillent aussi à trois cents points au pouce. Toutefois, cette norme évoluera rapidement vers d'autres sommets, surtout lorsque vous réalisez des projets de maquette en couleurs, vous donnez votre disquette à votre flasheur pour obtenir une épreuve FourCast.

Le flasheur est le partenaire qui, à partir de votre disquette va sortir les films nécessaires à l'impression, avec ou sans la séparation en quadrichromie. Bien sûr, ces films seront accompagnés de leur cromalin (épeuve couleur de contrôle pour les travaux en quadri).

Le jour n'est pas loin où la trame des images numérisées ne sera plus visible à l'œil nu mais seulement à l'aide du compte-fil. L'évolution va également vers l'utilisation des couleurs. Quelques scanners capables de reproduire un certain nombre de couleurs sont toujours au banc d'essai.

De plus en plus le scanner deviendra l'élément indispensable à la station PAO. La plupart des constructeurs proposent déjà un kit PAO contenant systématiquement un scanner.

Reste le prix d'achat de ces matériels qui est encore quelque peu élevé. Une station PAO complète reste quand même aujourd'hui aux alentours des 100 000 francs dont 20 000 sont consacrés au scanner...

❏ Écrans haute résolution

Les écrans pleine page autorisent l'affichage d'une page complète de format A4 (210 mm x 297 mm) à l'écran. Vous disposez ainsi de la totalité de votre page sous les yeux. Ces écrans sont quasi indispensables pour qui veut faire de la PAO avec un œil professionnel ou tout au moins avec un certain confort.

En effet, l'utilisation du "scrolling" (défilement de la page sur l'écran) ne facilite pas la tâche lorsque la mise en page s'effectue sur un élément dépassant la taille de la fenêtre que propose le logiciel, sur un écran de taille réduite.

Outil

Les écrans pleine page disposent en outre d'une grande résolution : 1024 x 1024 points voire même jusqu'à 2048 x 1024 points. Les images sont généralement très claires et stables. Bien qu'encore très onéreux, ils permettent de s'approcher d'un réel wysiwig (what you see is what you get). Cette caractéristique des logiciels de création typographique et graphique peut également être satisfaite si vous utilisez des écrans haute définition.

Plus la résolution de votre écran sera importante, plus vous pourrez travailler avec précision et sans surprise (pas trop de différence entre ce qui est créé et ce qui est obtenu à l'impression). Attention, les temps d'accès sont malheureusement un peu augmentés à cause de cela. Il est vrai cependant, que tout dépend aussi des cartes d'écran.

❏ Souris et tables graphiques

La souris constitue un élément indispensable dans la panoplie de votre station PAO. Sans elle, il n'est pas question d'utiliser un logiciel de mise en page. Elle procure, de plus, l'avantage de manipuler des objets, ce qui rend l'utilisation des logiciels très conviviale puisque l'utilisateur est amené, tant que faire se peut, à reproduire à l'écran des gestes qu'il serait amené à faire s'il travaillait de façon traditionnelle.

Les souris sont de différents types : un, deux ou trois boutons. Peu importe de celle dont vous disposez. D'ailleurs une souris à un bouton suffit amplement. Toutefois, la souris rencontre vite des limites. Manipuler des objets sous forme de blocs est aisé. Dessiner est autre chose. Il n'est pas possible de dessiner finement à l'aide de la souris.

Le dessin au trait ne peut qu'être grossier. La table graphique s'impose dès lors que les dessins à effectuer ne sont plus très simples. Cet instrument est quelque peu en marge de la PAO. Nous l'avons toutefois cité puisque le typographe se transforme en graphiste (ou lui fait appel) afin d'illustrer un texte (la PAO ne prend d'ailleurs d'intérêt que dans ce cadre).

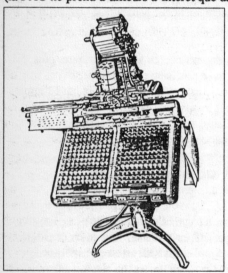

Logiciels

Dans ce chapitre, nous présentons rapidement les logiciels reconnus par PageMaker Macintosh. En effet, l'utilisation de PageMaker 4.0 ne résout pas tout. Il faut par ailleurs posséder au moins un traitement de texte et un logiciel de création graphique ou de logos.

Il est d'ailleurs utile de connaître un certain nombre de logiciels nécessaires et ainsi répondre à un besoin ponctuel. Nous distinguons les logiciels de traitement de texte et les logiciels graphiques.

❏ Traitement de texte

Les possibilités de traitement de texte se résument pratiquement à utiliser Word ou Mac Write pour le Macintosh, et Word quand même pour le PC.

MacWrite

Ce logiciel de traitement de texte dont la version pro est prévue pour fin 91, est toujours disponible sur Macintosh. Il est rudimentaire mais d'emploi simple.
Il possède toutefois les fonctions de base permettant de taper du texte au kilomètre en lui procurant une forme agréable, utilisable pour importer dans un logiciel de mise en page.

Word

Permet de visualiser les caractères de contrôle, la saisie des petites capitales, la définition de l'interligne au point, fonction cherche/remplace évoluée, division du texte en éléments. Il incorpore le glossaire, gère la saisie des notes, reprend l'intégralité du contenu des fichiers et inclut le gestionnaire d'idées, des vérificateurs, l'index.

Les limitations de Word sont également dues à des accords signés entre Aldus Corporation et Microsoft. Word présente toutefois une certaine lenteur de travail.

WordPerfect est également très proche de Word.

❑ **Logiciels graphiques**

L'incorporation d'illustrations graphiques dans votre publication est d'une grande importance quant à son impact final. Toutefois, il est classiquement très coûteux d'incorporer des graphiques. Les logiciels du type MacDraw et MacPaint ont permis à tout un chacun de créer ses propres illustrations et d'articuler le texte autour et vice versa. Ces programmes de création graphique sont, de plus, d'une grande facilité d'utilisation.

MacDraw

Avec MacDraw, les dessins se créent à l'aide de la seule souris. Bien évidemment, la précision de votre dessin ne pourra pas atteindre celle obtenue à l'aide des outils classiques du dessinateur. La taille des dessins peut aller jusqu'à 240 x 120 centimètres.

Chaque point de l'écran est adressable (on peut en déterminer les coordonnées exactes). MacDraw est donc un logiciel de création. L'avantage de celui-ci est qu'il ne travaille pas à l'aide de la technique du bit-map (un ou plusieurs octets en mémoire pour un seul point).

Les dessins sont vectorisés. La conséquence est qu'en sortie, même agrandie, vous obtenez des dessins dont les composantes sont de qualité constante. Avec MacDraw, vous travaillez avec des lignes, des rectangles et des arcs de cercle et toute autre forme. Cela dit, la prochaine version comportera la possibilité de travailler avec des courbes de Beziers).

De plus, vous avez accès à quelques polices de caractères, ce qui vous permet d'insérer du texte dans votre création graphique. Par commodité, si vous souhaitez agir complètement sur la typographie de vos schémas, faites le avec un logiciel de mise en page.

MacPaint

MacPaint fonctionne avec la technique du bit-map. Cela signifie qu'en retour vous obtiendrez une qualité de dessin moindre qu'avec le logiciel MacDraw. L'utilisation de ce dernier s'effectue également avec la souris. Il n'est donc pas plus réaliste de vouloir faire des dessins représentant un objet réel sauf si vous ne cherchez pas la précision. Ce type de logiciel doit être utilisé en tant qu'outil de manipulation d'images.

La fenêtre écran ne représente que le tiers de la surface utile imprimable. Toutefois, les fonctions de MacPaint (zoom, réduction, agrandissement) permettent d'afficher à l'écran la totalité de la feuille de travail (la surface utile d'un document MacPaint est de 20,5 x 25 centimètres).
MacPaint permet de tracer toutes sortes d'éléments graphiques : zones ombrées de différentes textures, lignes droites, lignes quelconques.

La totalité des manipulations s'effectue en cliquant des icônes, donc en manipulant des objets. Un certain nombre de logiciels se proposent comme étant une extension de MacPaint.
Les plus répandus sont : Clip Art (autorise des traitements tels que les rotations et les distorsions sur les éléments créés avec MacPaint), Paint Cutter (gère plusieurs images MacPaint), MacBillboard (utilitaire permettant de dépasser la limite des 20,5 x 25 cm pour atteindre 8 x 6,40 m !).

MacDraft

Bien que de grande qualité, MacDraft affiche quelques lacunes sérieuses. Il ne propose d'ailleurs pas de fonctions supplémentaires par rapport à MacDraw. La conception de dessin de qualité professionnelle exige beaucoup plus que ne fournissent ces deux logiciels.

MacDraft pallie ces lacunes en reprenant MacDraw et en y incorporant des fonctionnalités supplémentaires. Nous noterons que MacDraft opère des calculs d'échelle automatiques. Ceci signifie que l'incorporation de dessins dans un document s'effectue instantanément. Pour les férus de la précision, notons également la présence d'une puissante fonction zoom. Dans son aspect, MacDraft ressemble étrangement à MacDraw. La fenêtre de travail est à peu près identique à celle de MacDraw.

Toutefois, vous pouvez ouvrir jusqu'à huit documents simultanément et effectuer des rotations sur les éléments dessinés. La taille maximale de la page est de 121 x 159 cm (soit une trentaine de feuilles de format 210 x 297 mm). La boîte à outils est semblable à celle de MacDraw et possède des fonctionnalités supplémentaires : affichage de dessin, fonctions de tracé et de transformation.

MacDraft autorise le travail à l'échelle. L'échelle peut varier au cours de votre travail. Cela implique qu'un élément créé s'insère dans n'importe quel document à n'importe quelle échelle. Il est donc possible de créer une bibliothèque de dessins que vous utiliserez à loisir.

Enfin, il nous faut dire un mot sur les possibilités de MacDraft de recevoir des éléments en provenance de sources diverses :

MacPaint, MacDraw ou Chart par exemple. MacDraft peut aussi recevoir des paragraphes de texte (MacWrite ou Word notamment). MacDraft s'impose si vous ressentez le besoin de créer des dessins de qualité professionnelle (pensons à nos architectes et nos géomètres par exemple) ou si vous devez utiliser des fonctions avancées du type rotation et travail à l'échelle.

Illustrator
Nous ne saurions finir ce rapide tour d'horizon des logiciels de création graphique sans parler d'Illustrator. Ce logiciel utilise les possibilités du langage PostScript. Cela signifie que les objets de travail sont mémorisés sous forme d'objets mathématiques. Dès lors, tout travail sur ceux-ci ne peut entraîner une distorsion comme lors d'un travail en bit-map.
L'utilisation d'Illustrator débouche sur des possibilités intéressantes pour le graphiste s'il utilise ce logiciel avec la philosophie pour laquelle il a été conçu. La meilleure en étant de créer un dessin directement ou d'utiliser une image scannée. Ainsi, vous pouvez tracer des courbes ou modifier la taille des objets, opérer des rotations, griser des zones, réaliser des dégradés...

Aujourd'hui, il semble qu'Illustrator soit le "meilleur" logiciel pour le dessin, (surtout sa dernière version), destinés à être importés dans des logiciels de mise en page. Il est dommage que la version sous Windows ne soit pas aussi complète que celle créée pour le Macintosh.

J'ai traversé nombre d'années
Et comme au cours de ce demi-sommeil
J'ai senti là que j'atteignais cette frontière
Au-delà de laquelle, couleur et son s'accomplissent
Et les choses de cette terre sont unies

Czeslaw Milosz

Terminologie

Approche	Espace proportionnel entre les lettres (synonyme de crénage)
Bas de casse	Minuscules
Blanc de pied	Blanc proportionnel à la maquette situé en dessous de celle-ci
Blanc de tête	Blanc proportionnel à la maquette situé au dessus de celle-ci
Cadratin	Unité de mesure des blancs. Un cadratin = une valeur de blancs équivalente à un carré dont les côtés ont la valeur du corps selon la police de caractères et le corps choisis
Capitales	Majuscules
Césure	Coupure de mots ou titres
Cicéro	Voir point typographique en bas
Chapitre	Ensemble de plusieurs feuilles mises en page
Copie	Manuscrit
Corps du carac.	Taille en points typographiques
Corps du filet	Taille en points typographiques
Dessin de carac.	Caractère lui-même (exemple : un Helvetica, un Times...)
Fer droit	Texte calé à droite
Fer gauche	Texte calé à gauche
Folio	Numéro de page
Gabarit	Feuille de style (grille de construction)
Graisse	Gras ou normal
Grand fond	Blanc proportionnel à la maquette situé à gauche de celle-ci pour une page de gauche et à droite pour une page de droite

Terminologie - Illustrations

Gouttière	Espace entre colonnes
Habillage carré	Texte positionné selon les bords rectilignes de la figure
Hab irrégulier	Texte épousant les formes irrégulières de la figure
Hauteur de page	Hauteur de la feuille moins les blancs de tête et de pied
Justification	Texte calé à droite ET à gauche
	Largeur de la feuille moins les grand et petit fonds
Petit fond	Blanc proportionnel à la maquette situé à gauche de celle-ci pour une page de droite et à droite pour une page de gauche
Petites capitales	Capitale ayant une hauteur égale à celle d'une bas de casse de même corps
Point typo	Unité de mesure :
	Point Pica 1 point = 0,351 mm
	Point Didot 1 point = 0,3759 mm
	son multiple est le douze
	(ou Cicéro) : 4,51 mm
Publication	Ensemble de plusieurs chapitres
Style de carac.	Italique (penché) ou romain (droit)
Trame	Effets de Ben Day de différentes intensités
Veuve/orpheline	Ligne isolée basse ou haute non indépendante du paragraphe dont elle fait partie

Graphismes - Illustrations - Photos - Humour - Typographie

Jérôme Peignot	**De l'écriture à la typographie** Idée NRF Gallimard - 1967 P. 84 - 86 - 87 - 104 - 164 Professeur (calligraphie) à l'ASFORED
Daniel Auger	**La typographie** Que sais-je ? - 1980 P. 17 - 25 - 80 -83 - 85 - 87
Centre National de la Photographie	**L'œil de la lettre** 1989 - P. 161 Oscar Gustav Rejlander La mort de M. Babbage 1871 P. 139 Léon Gimple L'Olympia - Autochrome - Paris 1925 P. 137 John McLaughlin La maison Domino à Woodside Park Philadelphie P. 239 William Klein - New-York 1955
Laurent Berman Anne Quesemand	**Colporteurs d'images** Editions Syros - Alternatives - 1990 Extraits p. 122 - 123 - 124 - 125 - 147
Günter Hugo Magnus	**Manuel du graphiste** Dessain et Tolra - 1986 P. 74 (bas) Greg Foster P. 77 Margret Mattes P. 75 Monika Rinke P. 76 Abdul-Bahà P. 35 Touci T. Pelikan P. 78 Frank Elter E. P. 69 à 72 trames
Fnac	**Programme** Juin 1982 - P. 116
Roman Tomaszewski	**Litera** Warszawa - 1978 - P. 127 à 130
Andrzej Tomaszewski	**Pismo Drukarskie** Wroclaw 1989 - P. 88 - 101 - 104 - 151 - 152 Zakład Narodowy im. Ossolinskich - Wydawnictwo

Graphismes - Illustrations - Photos - Humour - Typographie

Abraham Moles	**Théorie de l'Information et de la Perception esthétique** Editions Denoël - 1972 - P. 15
Peter Karow	**Digitale Speicherung von Schriften** URW Verlag - Hamburg Juillet 1986 P. 89 à 92 (haut) - 105 - 106
Jean-Michel Sallmann	**Les sorcières, fiancées de Satan** Découvertes Gallimard - 1989 - P. 135
Georges Jean	**L'écriture Mémoire des hommes** Découvertes Gallimard - 1987 P. 12 - 20 - 22 - 34 - 54 - 55 - 105 - 126 - 131
John Dreyfus François Richaudeau	**La chose imprimée** Editions Retz - 1977 - 1985 P. 14 - 16 - 23 - 24 - 27 - 28 - 31 - 73 74 (haut) - 79 - 82 - 84 - 93 - 97 - 100 - 101 114 - 132 - 141 - 145 - 153
Jean-Luc Guérin Baba Yaga	**Dessin Marjana Szymczak (p. 5)** **Dessin William Sheller (p. 99)**
Ryszard Kryska	**Dessin noir au blanc (p. 120)**

Toutes les autres illustrations sont des documents personnels.

Tous les extraits de textes cités à des fins d'exemple sont de :

Karen Blixen - Willy Sørensen - André Breton - Flodor Dostoïevski André Wasilewski - Christiane Stefanski - Wladimir Vissotsky et William Sheller.

Toutes les réalisations graphiques du chapitre 5 sont des travaux de la société **Baba Yaga**.

Merci à ceux qui savent chaque fois m'inspirer davantage...

*Achevé d'imprimer en août 1991
sur les presses de Cox and Wyman Ltd
(Angleterre)*

Dépôt légal : septembre 1991
Imprimé en Angleterre